O. PALMER ROBERTSON

RESPOSTA BÍBLICA À QUESTÃO DAS LÍNGUAS E PROFECIAS HOJE

A Palavra Final— O. Palmer Robertson
Traduzido do original em Inglês: The Final Word.

Traduzido e Publicado no Brasil com a devida autorização.

1.ª Edição em Português — Março de 1999 – 2.000 exemplares.
1.ª Edição Digital em Português — Dezembro de 2014.
2.ª Edição em Português — Abril de 2015 – 1.000 exemplares.

EDITOR: Manoel Canuto
TRADUTOR: Valter Graciano Martins
REVISOR: Waldemir Magalhães
DESIGNER: Heraldo Almeida

ISBN: 978-85-62828-28-7

Sumário

A Palavra Final

Capítulo 1 — Profecia Hoje?

Capítulo 2 — Línguas Hoje?

Capítulo 3 — Revelação Hoje?

Capítulo 4 — Corrente Defesa da Continuidade da Revelação

Capítulo 5 — Conclusão

Índice Onomástico e Temático

Índice de Referências da Escritura

Capítulo 1

Profecia Hoje?

1. A Origem da Profecia Segundo o Velho Testamento

A profecia bíblica teve suas origens no Velho Testamento, o que é algo importante. Profecia não é um fenômeno específico do Novo Testamento, mas algo que recua às mais antigas experiências do povo de Deus. Mas, quando e onde a profecia surgiu pela primeira vez? Surpreendentemente, a profecia não teve suas origens na época das grandes figuras do oitavo século a.C., tais como Isaías, Miqueias e Oseias. Na verdade, a profecia teve início num cenário muito mais antigo.

O movimento profético, no Velho Testamento, originou-se com Moisés. Na realidade, a profecia veterotestamentária alcançou seu ponto de maior glória em Moisés. Opondo-se a todos os conceitos que apontam uma evolução de desenvolvimento à religião em Israel, o ponto culminante do movimento profético encontrou sua expressão em Moisés, o profeta e legislador original em Israel. Ele desempenhou um papel singular como mediador da Palavra de Deus em relação ao povo de Israel.

Nos dias anteriores a Moisés, Deus falou pessoalmente aos líderes das várias famílias patriarcais. O chefe paterno comunicaria, então, a Palavra de Deus a seu clã. Como, porém, iria Deus comunicar sua palavra a uma hoste de mais de um milhão de pessoas quando saíram do Egito? O Senhor se revelaria simultaneamente a 600.000 chefes de famílias? Ou iria Ele prosseguir ao longo das eras subsequentes da história de Israel, fazendo trovejar sua própria voz do céu como fez no Sinai?

O povo de Deus experimentou pessoalmente fortes emoções a esse respeito. Suplicaram a Moisés: dá-nos um substituto para esta aterradora experiência de ouvir a voz trovejante de Deus (Dt 18.16). Em resposta à solicitação do povo, Deus providenciou um mediador profético e estabeleceu um ofício profético. Um homem receberia a Palavra de Deus no monte e subsequentemente intermediaria a palavra ao povo que lá embaixo tremia. Foi assim que a profecia teve sua origem.

Diversas conclusões importantes podem ser extraídas acerca da natureza da profecia bíblica como uma consequência das circunstâncias em torno de seu estabelecimento. As origens da profecia revelam questões de importância constante acerca da essência do fenômeno.

a. *A voz, frágil e simples do profeta, substitui todos os sinais apavorantes do Sinai.* A voz trovejante de Deus, os relâmpagos, o fogo, a fumaça, o terremoto, o clangor de trombeta aumentando cada vez mais – todos esses fenômenos assustadores encontram seu substituto na voz de um único israelita falando no meio de seus irmãos. A despeito de seu tom relativamente manso, cada palavra do profeta flui como sendo a própria voz de Deus.

b. *A origem da palavra genuinamente profética não será encontrada nas experiências subjetivas de um homem.* O profeta não sofre de alucinação quando declara: "Assim diz o Senhor". A própria Palavra de Deus vem ao encontro do profeta, e o seu veículo de comunicação é a própria voz do homem propositalmente escolhido. É Deus, e não as experiências subjetivas de alguém, quem determina a palavra profética.

c. *A palavra do profeta não é primariamente preditiva em sua natureza.* A tarefa primordial de Moisés, ao entregar a lei no Sinai, não era predizer o futuro, e, sim, declarar a vontade revelada de Deus. Nem sequer uma única predição é encontrada nas "dez palavras", o coração da revelação comunicada através de Moisés.

É preciso entender corretamente a distinção comum entre a "proclamação" da palavra profética e a "predição" do futuro pelo profeta. Desde o início, a "proclamação" da Palavra de Deus foi justamente tanto uma revelação da infalível, inerrante e perfeita Palavra de Deus quanto sua "predição" do futuro. Não é simplesmente o caso que a proclamação do profeta sobre vários assuntos do dia fosse um tipo de "pregação" com autoridade reduzida, enquanto que sua "predição" do futuro fosse inspirada, inerrante e infalível em seu caráter.

Na realidade, a essência do profetismo é sempre definida na Bíblia em termos dessa "proclamação" da própria Palavra de Deus, esteja aí envolvida ou não uma predição do futuro. Ocasionalmente, o profeta podia predizer um evento futuro. Obviamente, esse tipo de percepção podia ocorrer somente por revelação divina. Mas a essência da profecia não era determinada pelo elemento preditivo, e, sim, pela natureza da alocução do profeta como sendo a própria Palavra de Deus.

Geerhardus Vos trata desse tema em seu artigo intitulado "A ideia de cumprimento da profecia nos evangelhos". Com respeito à natureza da profecia, diz ele:

> "Em conexão com o precedente (a ideia de cumprimento da profecia), pode suscitar-se a seguinte pergunta: Qual é precisamente a força do "pro" no termo designativo "profeta"? "Pro-

feta" significa "vaticinador", ou significa "proclamador", isto é, "aquele que fala em seguida a palavra a ele revelada por Deus"? No hebraico, *nabhi* encontra expressão no último, e é, por assim dizer, uma circunstância não expressa de que a palavra proclamada em muitos casos acaba sendo uma 'predição'."(1)

Profecia não deve ser definida essencialmente como uma predição do futuro. Ao contrário, ela é uma proclamação de uma revelação divina que ocasionalmente pode também envolver a predição de eventos futuros.

Essa perspectiva sobre a essência da profecia é importante para a avaliação da questão da continuação da profecia em nossos dias. Obviamente, ninguém pode predizer infalivelmente as condições específicas de um evento futuro, como foi o caso da profecia bíblica, a menos que tenha experimentado uma revelação direta da parte de Deus. Mas é igualmente verdade que ninguém pode "proclamar" a Palavra de Deus no sentido profético sem experimentar uma revelação direta de Deus. Seja como um "vaticinador" ou como um "proclamador", o profeta terá comunicado a revelação da parte de Deus. Se uma pessoa afirma que a profecia bíblica continua hoje em qualquer uma de suas formas básicas, deve-se esclarecer que tal pessoa está expressando a convicção de que a revelação continua hoje. Enquanto que um pregador contemporâneo pode exercer um ministério "profético" em seu púlpito, ele não pode "profetizar" no sentido bíblico como visto na história das origens do profetismo.

d. *Pode-se obter uma conclusão adicional com respeito à natureza da profecia com base em suas origens, como preservadas na Escritura.* O propósito supremo do pacto divino não pode ser alcançado a não ser que uma figura profética esteja entre o Senhor e seu povo.

---

(1) Geerhardus Vos, "The Idea of 'Fulfilment' of Prophecy in the Gospels", in Richard B. Gaffin, ed., Redemptive History and Biblical Interpretation, Phillipsburg, N.J., 1980, p. 354.

O propósito divino no pacto consistia em ser um com seu povo. Ao estabelecer uma relação pactual, o Senhor vinculou-se intimamente a seu povo. Mas essa intimidade da relação com Deus pretendida pelo pacto não pode realizar-se a não ser que um mediador profético esteja entre Deus e o povo. Enquanto um mediador não descesse do alto do monte ao povo em baixo, a unidade pactual não seria plenamente consumada.

Este ponto é realçado por Paulo em sua afirmação: "o mediador não fala da parte de apenas um" (Gl 3.20). A presença de um mediador implicitamente pressupõe uma separação de pessoas entre si. A não ser que Deus mesmo fosse o próprio mediador da palavra divina, não seria possível cumprir-se a unidade de comunhão pretendida pelo pacto. Então a necessidade da obra intermediária da figura profética desapareceria.

Essa perspectiva sobre o propósito final do profetismo é confirmada pelo testemunho dos documentos do novo pacto. O escritor da epístola aos Hebreus fala da finalidade da revelação profética como encontrada em Jesus Cristo. Deus falou previamente de muitas e diferentes maneiras, através de muitos e diferentes mediadores proféticos. Mas Ele agora tem falado definitivamente pela mediação do Filho (Hb 1.1). Quando a revelação profética viesse diretamente pela mediação de Jesus Cristo, então o propósito principal do pacto teria sido concretizado. Experimentar a revelação de Deus através do Filho significa ser um com o próprio Deus.

2. Passagens Fundamentais Sobre Profecia no Velho Testamento

O contexto histórico da origem do profetismo em Israel fornece um firme fundamento para a compreensão da verdadeira natureza da profecia e como a mesma se manifesta na história subsequente. Tal compreensão encontra importante elucidação em várias outras passagens fundamentais acerca da profecia no Velho Testamento. Esse antecedente do antigo pacto é essencial para uma apreciação do papel do profetismo no novo pacto. Consideremos as seguintes passagens:

a. *Êxodo 7.1-2:* "Então disse o Senhor a Moisés: Eis que te tenho posto como Deus a Faraó, e Arão, teu irmão, será o teu profeta. Tu falarás tudo o que eu te mandar; e Arão, teu irmão, falará a Faraó, que deixe ir os filhos de Israel da sua terra" (NVI).

> Nesta passagem, Moisés é como se fosse Deus, Arão é o seu profeta e Faraó é o recipiente da palavra profética. Ainda que a Palavra de Deus, originando-se com Moisés, seja intermediada por Arão, ela não chega a Faraó com autoridade reduzida. A terra de Faraó é devastada em decorrência de não ter ele dado ouvidos à palavra infalível e inerrante de Deus, comunicada por intermédio de Arão, que serve como "profeta" de Moisés. A mediação de modo algum reduz a autoridade da palavra profética.

b. *Êxodo 4.15-16*: "Tu, pois, lhe falarás, e porás as palavras em sua boca. E eu serei com a tua boca e com a dele, e eu vos ensinarei o que haveis de fazer. E assim ele [isto é, Arão como profeta de Moisés] falará por ti ao povo. E ele te será por boca, e tu lhe serás por Deus" (NKJV).

"Boca a boca": frase descritiva que sublinha a mediação da relação que existe entre a Palavra de Deus e a palavra profética. A revelação divina sai diretamente da boca de Deus para a boca do profeta. A palavra do profeta é a própria Palavra de Deus. Deus não comunica sua revelação ao profeta "pensamento a pensamento", ou "mente a mente", e, sim, "boca a boca". O profetismo, por definição, não se preocupa meramente com a recepção da Palavra de Deus, mas também com sua comunicação. Essa descrição do modo de comunicar a palavra profética sublinha as perfeições absolutas da alocução do profeta ao apresentar a Palavra de Deus. Através da comunicação "boca a boca", a Palavra de Deus é preservada em sua integridade, quando ela se serve do profeta como veículo.

c. *Números 12.6-7*: "Então disse [Deus]: Ouvi agora minhas palavras: se entre vós houver profeta, eu, o Senhor, a ele me farei conhecer em visão, em sonhos falarei com ele."

O paralelismo profético do texto original sublinha o caráter revelatório da mensagem que vem ao profeta:

a. *em visão* **b**. *a ele* **c**. *me farei conhecer;*

a. *em sonho* **b**. *a ele* **c**. *falarei.*

Deus tomará a iniciativa em fazer-se conhecer por meio de visão e sonho. Esse modo de comunicação divina caracterizará a experiência do profeta através das eras. A "visão" e o "sonho" do profeta têm sua origem em Deus, não na percepção humana. Apesar de o contexto indicar que o favor distintivo será conhecido a Moisés, ao falar-lhe Deus "face a face", não pode haver nenhum desconto do fato de que todos os profetas receberão sua mensagem por meio de uma experiência revelatória. Esse é o sentido de a Palavra vir através de "sonho" e "visão".

Notavelmente adequado a essa ideia de a revelação profética vir através de "sonho" e "visão" é o fato de que a profecia escrita no Velho Testamento é vividamente apresentada como algo "visto". Os escritos do profeta Isaías são descritos como uma "visão" (hazon) que ele "vira" (haza). Subsequentemente, a "palavra" (hadaver) que Isaías "viu" (haza) descreve uma mensagem particular que ele recebera (Is 2.1).

Os profetas experimentaram essa forma de revelação reiteradamente. Isaías "viu" o "peso" do Senhor (Is 13.1).

Amós e Miqueias "viram" a palavra deles vinda do Senhor (Am 1.1; Mq 1.1). Habacuque se refere a todo o seu livro como sendo um "peso" que ele "vira" (Hc 1.1). Os profetas regularmente "viam", através de "visão" e "sonho", a palavra que eles deviam comunicar.

Ao contrário desta recepção visionária da Palavra de Deus através de uma experiência revelatória, os falsos profetas comunicam o que está em seu próprio coração. Jeremias vivifica a característica mais preponderante da origem da palavra dos falsos profetas. Declara: "falam a visão de seu próprio coração, não da boca do Senhor" (Jr 23.16). A palavra do falso profeta é oriunda das maquinações de seu próprio coração, não da experiência visionária concedida ao genuíno profeta do Senhor.

d. *Este contraste entre o genuíno e o falso profeta prossegue na quarta passagem fundamental: Deuteronômio 13.4-5*. Em vez de dar ouvidos ao falso profeta que engendra seus próprios sonhos, Israel deve guardar os mandamentos de Deus na forma em que foram entregues por intermédio de seus profetas. A nação de Deus deve observar o caminho por onde Deus ordenou que andassem. O falso profeta "deve ser morto", porquanto tem tentado desviar Israel daquele caminho indicado por revelação, o qual devia seguir.

Em confronto com as proclamações dos falsos profetas são postos os mandamentos, ordenações e estatutos que haviam sido revelados pela instrumentalidade de Moisés e seus legítimos sucessores. O teste mais básico do profeta consiste em sua adesão à "proclamação" do que já havia recebido por divina revelação.

Os profetas não eram primariamente vaticinadores. Não importa quão espetaculares as palavras de um profeta fossem, se suas afirmações, ao contrário, contradissessem os mandamentos não-espetaculares, revelados a Moisés — o profeta por excelência — tal profeta deveria ser morto.

Esse respeito pelo caráter divino da palavra profética precisa ser transportado para o contexto do novo pacto. Como veremos, a degeneração da profecia ao nível de uma "proclamação" não-revelacional ou semirrevelacional não encontra apoio nos textos fundamentais sobre a profecia na Escritura. A profecia é uma proclamação da palavra revelatória de Deus, seja sua palavra que prediz o futuro ou que declara os mandamentos de Deus. Profecia em sua forma mais básica é uma proclamação da verdade revelatória de Deus. Predição do futuro certamente ocorrerá, mas funciona secundariamente em relação à essência da profecia.

e. *A quinta passagem fundamental sobre profecia encontra-se em Deuteronômio 18.* Esta passagem é como se fosse uma seção de uma versão hebraica de um glossário de termos (Roget's Thesaurus). Cada palavra possível descrevendo um método pelo qual os homens procuram determinar, controlar ou predizer o futuro é designada como sendo uma abominação ao Senhor. Qualquer substituição proposta para a palavra revelatória de Deus que é transmitida pela instrumentalidade de seu profeta deve ser completamente rejeitada.

Na sociedade pluralista moderna, as pessoas acham quase impossível emitir um categórico "não" a qualquer forma de expressão ou experiência fomentada numa atmosfera devocional pelos cristãos. Mas a Palavra de Deus diz "não". Uma resistência inflexível é requerida do povo de Deus com respeito a quaisquer substituições propostas para a palavra profética divinamente inspirada. Em tal caso, o povo de Deus deve pronunciar um absoluto "não". Não se deve permitir exceção alguma. Toda e qualquer forma de profecia não-bíblica deve ser categoricamente condenada. Qualquer esforço para substituir a palavra profética divinamente inspirada, pela palavra do homem falível, deve ser rejeitado.

Esta passagem declara ainda que no futuro se levantaria um "profeta" semelhante a Moisés. Esta expectativa em parte antecipa a longa história do profetismo em Israel desenvolvido depois de Moisés. Em resposta ao contínuo afluir de falsos profetas que se desenvolveria ao longo da história, o Senhor levantaria profetas genuínos para responder às suas falsas réplicas.

Todavia, o texto de Deuteronômio também parece apontar para uma figura profética singular, que se assemelharia a Moisés de uma forma distinta. A passagem não diz: "O Senhor teu Deus te suscitará profetas." Ao contrário disso, ela afirma: "O Senhor teu Deus te suscitará um profeta semelhante a mim" (Dt 18.15).

A experiência de Israel sob o comando de Moisés clama por alguém que viria e que seria maior que Moisés. Se o propósito do pacto divino é para ser realmente cumprido, então um mediador profético viria, sendo uma pessoa muito mais importante que Moisés. Por mais importante que o ministério de Moisés tenha sido, ele não empreendeu a unidade entre Deus e o povo, a qual o pacto pretendia realizar.

O profeta semelhante a Moisés, antecipado nesta passagem, falaria a palavra de Deus com tal poder que seria o ponto culminante das revelações comparadas àquelas recebidas, em forma de sombras, por Moisés. À semelhança de Moisés e seus sucessores, esse profeta futuro poderia ser rejeitado pelo povo. Todavia, por causa das garantias do pacto, ele teria êxito em seu ministério profético onde o Moisés original fracassara.

À luz de tudo isso, não surpreende encontrar o apóstolo Pedro aplicando esta passagem de Deuteronômio 18.15 diretamente a Jesus, no livro de Atos. Jesus é o "servo" (pais) que é semelhante a Moisés no sentido em que ele intermedia a palavra de Deus (At 3.22,26). Mas ele também é o "Filho" de Deus (igualmente pais) que une Deus com seu povo, cumprindo a palavra do pacto intermediada pelos profetas.

Se o próprio Filho de Deus é agora o mediador profético do pacto, então o supremo propósito do pacto se consumou. Porque receber a Palavra de Deus da parte do Filho é receber a Palavra de Deus da parte do próprio Senhor. Agora, por intermédio de Cristo, o mediador profético do pacto, que é o próprio Deus do pacto, a unidade entre Deus e seu povo, originalmente pretendida, foi estabelecida. Agora o ofício de profeta encontrará sua realização final nesta única pessoa que é o Filho de Deus e também o mediador profético do pacto. Por intermédio de sua pessoa, todos os terrores relacionados com a confrontação com Deus no Sinai estão agora removidos. O terror outrora associado com o estar na presença de Deus se evapora quando o mediador do pacto é o próprio Deus, que agora se coloca entre os homens como servo (pais) deles.

A história da realeza em Israel encontrou seu clímax em Cristo, o Rei. A história do sacerdócio em Israel encontrou seu clímax em Cristo, o Sacerdote. Assim também a história do profetismo em Israel encontra seu clímax em Cristo, o Profeta. Ele é o mediador prometido por excelência. A experiência de uma série de homens do Velho Testamento, que falaram as palavras do próprio Deus, encontra seu cumprimento em Jesus Cristo, o profeta semelhante a Moisés, que também o excedeu de todas as formas.

3. Profecia Sobre Profecia no Velho Testamento

Havendo considerado o testemunho dessas passagens fundamentais sobre profecia, esse é o momento oportuno de considerar uma passagem central do Velho Testamento que tem significação para a compreensão do fenômeno da profecia como aparece no Novo Testamento. A clássica "profecia sobre profecia", em Joel 2, liga a experiência do Velho Testamento com o fenômeno do Novo Testamento.

A palavra de Deus através de Joel declara: "Derramarei o meu Espírito sobre toda carne; vossos filhos e vossas filhas profetizarão" (Jl 2.28a). Ao antecipar o futuro, Joel usa o termo idêntico para "profecia" encontrado ao longo de todo o restante do Velho Testamento. Teria essa palavra de súbito um novo significado? Estaria Joel esperando um tipo diferente de profecia daquele descrito nas passagens fundamentais já consideradas? Não. Joel mesmo elabora a significação de sua predição: "Os vossos anciãos terão sonhos, os vossos mancebos terão visões" (Jl 2.28b).

Donde Joel extraiu a ideia de que a palavra profética seria comunicada através de "sonhos" e "visões"? Foi ele o inventor de tais conceitos? Não. Joel os extraiu da passagem que se encontra em Números 12, a qual tão claramente descreve a origem do profetismo nos dias de Moisés. Os termos de Joel para "sonhar sonhos" e "ver visões" são idênticos com as palavras usadas em Números 12 para descrever a comunicação de revelação através dos séculos. A linguagem de Joel também traça um paralelo com a descrição do "ver" uma "visão" que frequentemente serve como título de um livro profético divinamente inspirado.

Então, o que Joel esperava? Qual seria a experiência do povo de Deus com respeito à profecia no futuro? Joel predisse uma difundida manifestação da revelação profética no futuro. A consumação dos séculos seria acompanhada de extensas experiências revelatórias. Uma efusão sem precedente do Espírito Santo, trazendo consigo muitas novas revelações de Deus, era algo mui apropriado à glória da vinda do Messias. Os idosos "sonhariam sonhos", e os jovens "veriam visões". Ambas as frases descrevem experiências de natureza revelatória, extraídas do contexto de Números 12.

O Novo Testamento indica o cumprimento dessa "profecia sobre profecia", em inúmeras passagens. Citando Joel, Pedro declara que a predição do Velho Testamento estava cumprida na efusão do Espírito de profecia no Pentecostes

(At 2.16). Neste ponto, os jovens "veem visões" e os anciãos "sonham sonhos". A efusão do Espírito sobre os discípulos no Pentecostes não lhes causou alucinações. Não estão citando ideias religiosas extraídas da tradição de falsos profetas. Nem estão alcançando novos níveis de percepção humana. Na verdade, estão passando por experiências revelatórias. A linguagem usada reiteradamente ao longo do período do Velho Testamento agora se aplica aos profetas no contexto do novo pacto.

Esta mesma percepção de profecia prossegue através do livro de Atos. Em Atos 11.27-28, alguns "profetas" desceram de Jerusalém a Antioquia. Um deles, de nome Ágabo, "dava a entender pelo Espírito" eventos futuros. O termo traduzido "dava a entender" literalmente significa "dava um sinal". Essa terminologia relata também a experiência de Ágabo na comunicação da revelação. A profecia de Ágabo imediatamente se tornou a base para a ação concreta por parte dos discípulos em Antioquia. Ele revelou que uma terrível fome assolaria todo o mundo romano. Reconhecendo a angústia que essa fome prevista traria sobre os discípulos já sofredores na Judeia, os discípulos em Antioquia decidiram providenciar socorro, enviando uma oferta aos anciãos através de Barnabé e Saulo (At 11.29-30).

Evidentemente, essa experiência do profeta do novo pacto se ajusta ao padrão do Velho Testamento. Ágabo pronunciou sua predição em decorrência de uma experiência revelacional. De nenhum outro modo teria ele conhecimento da expansão de uma fome no futuro, senão por intermédio de uma revelação direta da parte de Deus.

O fenômeno da profecia num contexto do novo pacto aparece uma vez mais em Atos 21.8-11. Paulo e Lucas se hospedaram em casa de Filipe, o evangelista, de quem se diz ter "quatro filhas virgens que tinham o dom de profecia" (v. 9). Deve-se lembrar de que Paulo, que por meio dessa experiência conhecia em primeira mão o dom de profecia como a que possuíam as quatro filhas de Filipe, mais tarde deu sua aprovação a que a mulher "profetizasse" na igreja (1 Co 11.5).

Qual, porém, é a natureza desse "profetizar" como praticado pelas filhas de Filipe? Os versículos imediatamente seguintes esclarecem a questão. O profeta Ágabo desce da Judeia e fala em termos revelacionais, pelo poder do Espírito Santo. Ele prediz que Paulo seria preso em Jerusalém, o que naturalmente ninguém poderia saber a não ser pela comunicação revelatória da parte de Deus. Uma vez mais faz-se evidente que a ideia de "profeta", no Novo Testamento, é a mesma ideia de "profeta" no Velho Testamento. Somente através de uma revelação direta da parte de Deus poderia Ágabo ter conhecido que Paulo estava para ser preso em Jerusalém.

É neste contexto que o papel das mulheres como "profetisas" na igreja do Novo Testamento seria considerado. Uma mulher podia ser considerada como "profetisa" se ela funcionasse como instrumento da revelação divina. Se a revelação continuasse até hoje, então se poderia esperar que as mulheres, tanto quanto os homens, pudessem legitimamente "profetizar" na igreja de hoje. Voltaremos a este ponto mais adiante.

Essas referências à profecia em Atos fornecem testemunho concernente às reais experiências tanto de Pedro quanto de Paulo no campo do dom de profecia no contexto do novo pacto. Como tais, elas fornecem um pano de fundo natural para o tratamento explícito do tema da profecia por meio desses dois apóstolos chave.

4. O Testemunho de Pedro e Paulo Concernente à Profecia

Pedro, explicitamente, aborda a profecia no último de seus escritos. Ele reconhece a importância de suas observações, como a própria nota introdutória o indica: "sabendo primeiramente isto", diz ele (2 Pe 1.20-21). Ele pretende discutir um assunto de grande relevância.

Pedro, aqui, declara que "nenhuma profecia da Escritura provém da própria interpretação pessoal do profeta" (NIV). A palavra profética comunica a verdade de Deus que de outra forma não poderia ser conhecida. A percepção humana não pode gerar essa compreensão da vontade divina. "Porque a profecia nunca foi produzida por vontade de homens, mas os homens da parte de Deus falaram movidos pelo Espírito Santo" (2 Pe 1.21).

Pedro não trata a profecia como se a mesma fosse equivalente à intensidade da percepção. Ao contrário, ele descreve a experiência da revelação divina. Segundo Pedro, todas as experiências proféticas autênticas participavam desse mesmo caráter. Não há exceção. Nenhuma profecia autêntica era comunicada "pela vontade do homem". Toda profecia autêntica era comunicada pela revelação do Espírito de Deus. Mais particularmente, Pedro identifica essa experiência revelacional com as palavras que os profetas falavam, e não apenas com as palavras que os profetas escreviam. A experiência revelacional dos profetas não era limitada aos escritos canônicos. Tudo o que era comunicado através deles, na forma de "profecia", era a própria Palavra de Deus, fosse falada ou escrita.

Esses santos homens de Deus falavam como se fossem "arrastados [ou impelidos]" pelo Espírito Santo. B. B. Warfield formulou a explicação clássica desta frase:

> "O que essa linguagem de Pedro enfatiza... é a passividade dos profetas com respeito à revelação comunicada por intermédio deles. Essa é a significação da frase: 'Foi como que impelidos pelo Espírito Santo que homens falaram de Deus.' Ser 'impelido'... não é o mesmo que ser levado... muito menos ser guiado ou dirigido... Aquele que é 'impelido' não contribui absoluta-

mente em nada para o movimento de indução, mas é apenas o objeto a ser movido."[2]

Eram "impelidos para frente" pelo Espírito Santo, como um navio é impulsionado pelo vento. Pedro enfatiza que não há exceção para esse fenômeno quando o relaciona com a profecia. Toda profecia é dessa natureza. Homens santos de Deus falaram quando foram "impulsionados" pelo Espírito Santo.

A apresentação que Pedro faz da experiência profética encontra total apoio na descrição de Paulo. Em Efésios 3.2-3, Paulo declara: "Se é que tendes ouvido a dispensação da graça de Deus, que para convosco me foi dada; como pela revelação me foi manifestado o mistério, conforme acima em poucas palavras vos escrevi." O Novo Testamento consistentemente apresenta um "mistério" como sendo uma verdade relativa ao programa redentivo de Deus, outrora oculto, mas agora revelado. Esse "mistério" foi agora "revelado" pelo Espírito Santo aos santos apóstolos e profetas de Deus (Ef 3.5). Os dois ofícios de apóstolo e profeta são enfeixados como um veículo da revelação divina. Esses extraordinários ofícios foram os instrumentos pelos quais Deus fez conhecida sua revelação no contexto do novo pacto. A substância desse "mistério", outrora oculto, porém agora revelado, consiste em que os gentios são coerdeiros, coparticipantes, juntamente membros do corpo de Cristo (Ef 3.6).

É muito interessante que Paulo não fale acerca de uma predição do futuro quando se refere ao "mistério" que fora "revelado". Ao contrário, ele descreve o discernimento acerca da teologia da igreja. Ele declara que a "proclamação" dos apóstolos e profetas era de caráter revelacional. A verdade básica que ensinaram sobre o papel dos gentios na igreja

---

(2) Benjamin Breckenridge Warfield, "The Biblical Idea of Revelation", in Revelation and Inspiration, Grand Rapids, 1981 reprint, p. 23.

não era uma predição acerca do futuro, mas uma declaração divina acerca do presente. Não obstante, ela era evidentemente considerada como "profética" em sua natureza.

A mais perfeita elaboração de Paulo sobre a manifestação da profecia no novo pacto encontra-se em 1 Coríntios 14. Os versículos 29 a 33 desse capítulo têm particular relevância para a questão da natureza revelatória da profecia no novo pacto. Nos versículos imediatamente precedentes, Paulo declara que os serviços cúlticos da igreja devem ser ordenados para facilitar o funcionamento adequado da multiplicidade dos dons. "E falem os profetas, dois ou três, e os outros julguem" (v. 29). Os "outros", evidentemente, é uma referência a outros profetas. Mas, que "discriminação" é essa que deve ocorrer em conexão com o exercício do dom desses profetas?

A Nova Versão Internacional expande a palavra "discriminar" (a qual ela traduz como "ponderar cuidadosamente"), adicionando a frase "o que é dito". A suposição dos tradutores é que a "discriminação" a ser vertida pelos profetas tem a ver com as palavras que foram faladas. Mas tal suposição ignora o uso regular que o Novo Testamento faz da palavra "discriminar".

O termo grego, diakrino, contém o significado básico de "separar, dividir, fazer distinção". É usado com mais frequência para fazer distinção entre pessoas. Se guardarmos em nossa mente este uso regular do termo para "discriminar", pode-se chegar a uma compreensão muito precisa do uso do termo como encontrado em 1 Coríntios 14.29. "Que falem dois ou três profetas, e que os outros [profetas] discriminem." Evidentemente, um juízo deve ser expresso. Mas o juízo não é acerca das palavras que são expressas pelos profetas. Ao contrário, deve-se fazer discriminação entre pessoas. Alguém teria que determinar quem dentre os profetas falaria e quem não falaria. Tal responsabilidade é confiada aos profetas, que manteriam a ordem entre os do seu próprio número. Mesmo a alocução de palavras inspiradas deveria ser exercida numa estrutura de ordem.

Paulo assegura a seus leitores que todos os profetas terão, afinal, oportunidade de falar (v. 31). Ele, porém, lhes recorda também que tudo deve ser feito com decência e ordem. Porque, mesmo o espírito dos profetas está sujeito aos profetas (vv. 32, 33, 40). Portanto, a discriminação nesta passagem se refere a uma distinção em decorrência da ordem entre os profetas, não acerca das palavras dos profetas. É possível que alguém tivesse que esperar até um "segundo culto".

Mas todos eventualmente terão a oportunidade de transmitir a revelação que lhe foi concedida por Deus. Igualmente crítica, para a compreensão desta passagem, é a palavra "revelação". Uma "revelação" vem primeiramente a um, e então uma outra "revelação" vem a outro (v. 30). Essa referência à "revelação" se encontra entre versículos concernentes à experiência da "profecia" (vv. 29, 31). Alguns autores mais recentes supõem que essa "revelação", na verdade, não é de forma alguma uma revelação. Ao contrário, acreditam que é algo menos do que uma "profecia" de caráter revelacional, como o termo é compreendido em outros lugares na Escritura. A sugestão é que esse fenômeno pode muito bem ser designado como uma "revelação não-revelacional". É revelação procedente de Deus, é uma alocução profética, mas um pouco menos do que o clássico fenômeno da profecia.

Mas uma tal análise da intenção da Escritura afasta-nos das palavras da Escritura. O contexto como um todo pressupõe a experiência profética "normal" de receber e comunicar uma palavra inspirada do Senhor. A primeira carta aos Coríntios foi composta numa época em que muito pouco do Novo Testamento havia sido composto. A igreja daquele tempo necessitava de uma palavra autoritativa proveniente do Senhor para direcionar o padrão de sua vida sob o novo pacto. Muito provavelmente nenhum dos manuscritos inspirados do Novo Testamento estava disponível aos coríntios nesse ponto da história.

É quase certo que a referência em 1 Coríntios não era a uma "iluminação" das Escrituras do novo pacto ou da verdade do novo pacto já conhecida deles.(3) Ao contrário, a igreja de Corinto recebeu "revelações" autoritativas, infalíveis e inerrantes das verdades da era do novo pacto através do multiforme exercício do dom de profecia. A experiência profética que trouxera a palavra de Deus à comunidade do velho pacto agora comunicava a verdade acerca dessa nova era ao povo de Deus do novo pacto. Visto que Deus estava agora manifestando as maravilhas das realidades do novo pacto, não causa surpresa que uma multiforme exibição do dom profético ocorresse em Corinto.

Argumentarei nos capítulos posteriores que a introdução do conceito de uma "revelação não-revelacional" poderia ser algo extremamente danoso quando aplicado às alocuções proféticas. Pois se uma alocução profética pode ser designada como uma "revelação não-revelacional", então qualquer palavra da profecia pode eventualmente ser declarada uma "revelação não-revelacional". Finalmente, o caráter revelacional da própria Escritura poderia ser redefinido nesses termos confusos.

Um grande perigo também está em outra direção se aceitarmos este conceito de uma alocução profética como sendo a palavra de Deus, e não obstante ele seja algo menos que a perfeição de sua palavra associada à profecia bíblica. Uma pessoa, em certo sentido, se faz sujeita a uma palavra que supostamente é imediatamente inspirada por Deus, e não obstante, ao mesmo tempo, por sua própria definição, participa da falibilidade humana. Ainda que ela saiba que essa alocução supostamente "profética" é falível, deve o crente ser-lhe totalmente submisso como se ela viesse di-

(3) Tradição oral (N. do E.)

retamente de Deus? Ou deve ele resistir submeter-se a essa palavra que vem imediatamente de Deus por saber ser ela falível?

Estamos antecipando o que será discutido a seguir de uma forma mais plena, quando afirmamos que este conceito de profecia, como está sendo proposto hoje na igreja, cria uma situação intolerável, um dilema envolto em confusão, que destrói o significado da obediência incondicional à palavra de Deus. Ele não condiz com o ensino da palavra de Deus, e é potencialmente capaz de solapar o fundamento básico de uma vida de obediência confiante à revelação dos profetas de Deus. Ele destrói a distinção necessária entre o genuíno e o falso profeta, bem como transforma os membros do povo de Deus em vítimas indefesas do erro mesclado com a verdade.

5. Conclusão

A história do profetismo recua ao tempo de Moisés. Desde os seus dias, Deus tem se revelado consistentemente a seu povo através do fluxo dos profetas que ele prometera a Moisés. A garantia da palavra profética capacitou o povo a resistir às pretensões dos falsos profetas em seu constante fluxo ao longo da história de Israel. Joel, evocando as experiências dos profetas dos tempos mosaicos mais remotos, predisse que a comunidade do novo pacto desfrutaria do mesmo tipo de revelação profética. Os apóstolos Pedro e Paulo, por seu turno, aplicaram essas mesmas descrições à palavra profética de seus próprios dias. À luz do testemunho bíblico concernente à natureza da profecia, podemos propor várias conclusões.

1. *Em primeiro lugar*, o ponto de partida de qualquer discussão acerca da profecia hoje deve começar com a longa história do caráter revelacional desse dom do Espírito.

Ao longo das eras do antigo e do novo pacto, Deus permanece como o originador da genuína palavra profética.

2. *Em segundo lugar*, deve-se ter em mente a advertência da Escritura concernente aos perigos da falsa profecia. Se é verdade que a revelação completou-se com a perfeição das Escrituras do Novo Testamento, então a profecia como o principal dom revelacional já cessou. O pregador moderno pode ser "profético" em seu ministério justamente como pode ser "apostólico". Mas ele deve precaver-se em reivindicar para si mesmo seja a experiência revelacional do profeta, seja a posição fundamental do apóstolo. Muitos são os casos, tanto antigos quanto modernos, de vidas seriamente danificadas por reivindicar impropriamente uma proclamação profética.

3. *Em terceiro lugar*, o testemunho bíblico concernente à profecia tem um efeito crítico sobre a questão do papel das mulheres na igreja. O texto primordial que apóia as mulheres falarem no culto faz referência ao seu "profetizar" (1 Co 11.5). Se "profetizar" significa falar de forma revelacional, então o papel das mulheres na igreja hoje está claro. Somente enquanto o dom revelacional de profecia permaneceu vivo na igreja podiam as mulheres servir como instrumentos da palavra divina. Mas se a palavra profética de Deus encontrou sua perfeição no complemento das Escrituras do novo pacto, então o papel das mulheres como instrumentos da revelação divina agora cessou.

As questões suscitadas pelo tema da profecia não são de pouca importância. São críticas à saúde, ao bem-estar e à própria ordem da igreja de Jesus Cristo hoje. Que a igreja cuide para que todas as coisas sejam feitas com decência e ordem, em consonância com os ensinamentos das Escrituras proféticas.

Capítulo 2

Línguas Hoje?

A questão das "línguas" na igreja, hoje, continua a ser uma fonte de vasta diferença de opinião. Algumas pessoas se revelam por demais entusiastas. Outras estão plenamente certas de que o fenômeno corrente representa a obra de Satanás no seio da igreja. Muitos crentes evangélicos simplesmente não sabem o que pensar ou de que forma responder.

Que posição tomamos entre essas diversas opiniões? Simplesmente não podemos negar que algo chamado "falar línguas" esteja ocorrendo na igreja hoje. O que fazer, pois, para alcançarmos uma conclusão sadia sobre sua relevância?

Indubitavelmente, através do estudo da Escritura. Não há dúvida de que é importante ser sensível às experiências religiosas de muitas pessoas. Em última análise, porém, toda e qualquer experiência religiosa deve passar por um teste objetivo da Escritura. O maior favor que se pode fazer aos amigos cristãos é convidá-los a que passem suas experiências pelo crivo da Escritura, pois "O ferro afia-se com o ferro; assim o homem afia o semblante de seu amigo" (Pv 27.17).

A possibilidade de se fazer um exame imparcial do tema das línguas na Escritura pode ser vista com ares céticos, à luz do volume de material já disponível sobre o tema. Devemos, porém, esforçar-nos por fazer uma reavaliação exegética.

No Novo Testamento, só dois livros fazem menção do fenômeno das línguas, excluindo a conclusão mais longa de Marcos. No Velho Testamento, porém, três diferentes autores antecipam o fenômeno neotestamentário das línguas. Considerados juntos, quatro diferentes aspectos das línguas emergem dessas Escrituras do velho e do novo pacto, os quais indicam a mesma conclusão: as línguas que agora se manifestam na igreja são algo distinto das línguas antecipadas na profecia do Velho Testamento e concretizadas na experiência do Novo Testamento. Esses quatro elementos são assim expressos:

1. *As línguas no Novo Testamento eram revelacionais*;
2. *As línguas no Novo Testamento eram idiomas estrangeiros*;
3. *As línguas no Novo Testamento eram para uso público*;
4. *As línguas no Novo Testamento eram um sinal indicando uma mudança radical na direção da história redentiva.*

Consideremos cada um desses aspectos das línguas bíblicas, pois eles podem contribuir para uma compreensão do fenômeno moderno.

1. As Línguas no Novo Testamento Eram Revelacionais

Se considerações exegéticas levam à conclusão de que as línguas no Novo Testamento eram de caráter revelacional, segue-se que, a menos que uma pessoa esteja disposta a admitir a continuidade da revelação além das Escrituras, as línguas que se manifestam hoje não podem ser tidas como sendo as mesmas existentes no Novo Testamento. Diversas considerações apontam para esta conclusão, sendo a primeira delas o uso do termo "mistério" em 1 Coríntios 14 e no restante do Novo Testamento.

Em 1 Coríntios 14.2, Paulo diz: "Porque o que fala em língua não fala aos homens, mas a Deus; pois ninguém o entende; porque em espírito fala mistério." Este termo, "mistério", no Novo Testamento, contém um significado muito específico, o qual, inerentemente, inclui a ideia de comunicação da revelação divina. Como já foi observado, um "*mistério*", no Novo Testamento, é uma verdade sobre o método divino de efetuar a redenção que outrora esteve oculta, *mas agora foi revelada*. Em sua própria essência, um "mistério", no Novo Testamento, é um fenômeno revelacional. Tal conclusão é apoiada, virtualmente, pelo próprio uso do termo "mistério" no Novo Testamento.

O termo "mistério" ocorre aproximadamente vinte e oito vezes no Novo Testamento. A consistência do significado mantido na Escritura é algo notável:

Mateus 13.11, Jesus diz: "Porque a vós é dado conhecer os mistérios do reino dos céus." Esses "mistérios" não são mais ocultos dos discípulos de Jesus. Os mistérios do reino são verdades reveladas, e não [verdades] ocultas.

Romanos 11.25. Paulo explica: "Porque não quero, irmãos, que ignoreis este mistério." O "mistério" acerca de Israel não mais seria uma matéria de ignorância, pois a verdade do "mistério" se revelou.

Romanos 16.25-26. A pregação de Paulo era "conforme a revelação do mistério guardado em silêncio desde os tempos eternos, mas agora manifesto." Paulo pode pregar com confiança, porque o "mistério" do evangelho agora se revelou.

Ao iniciar sua carta aos Coríntios, Paulo explica: "Anunciando-vos o *testemunho* [*mistério*] de Deus" (1 Co 2.1). Não era um enigma o que ele proclamava. Ele declarava publicamente algo que precisava ser entendido. Paulo continua na mesma direção, observando que os ministros cristãos falam a sabedoria de Deus em mistério, o qual estivera oculto, mas agora pode ser publicamente proclamado (1 Co 2.7). Por isso é que os homens devem respeitar os ministros cristãos como despenseiros dos mistérios de Deus (1 Co 4.7). Uma vez que, como despenseiros, estão administrando os mistérios, os "mistérios" são agora entendidos.

1 Coríntios 13.2. Paulo propõe o caso hipotético de que poderia vir a "conhecer todos os mistérios"; e em 1 Coríntios 15.51 ele declara: "Eis aqui vos digo um mistério." Ao longo de sua carta aos Coríntios, um "mistério" surge como um elemento da verdade redentiva de Deus, que agora se fez conhecida.

Essa compreensão do "mistério" continua ao longo dos escritos de Paulo.

Em Efésios 1.9, "fazendo-nos conhecer o mistério de sua vontade." Foi "pela revelação" que "foi manifestado o mistério" a Paulo (Ef 3.3). Ele deseja que os efésios percebam "a minha compreensão do mistério de Cristo" (Ef 3.4). Sua intenção é esclarecer a todos "qual seja a dispensação do mistério que desde os séculos esteve oculto em Deus" (Ef 3.9). A união com Cristo é "grande mistério", mas agora ele o está fazendo conhecido a eles. Os efésios devem orar para que "me seja dada a palavra, no abrir da minha boca, para, com intrepidez, fazer conhecido o mistério do evangelho" (Ef 6.19-20).

Por toda a carta aos Colossenses prevalece a mesma significação para o termo.

Em Colossenses 1.25-26, Paulo declara: "a fim de cumprir a palavra de Deus, o mistério que esteve oculto dos séculos, e das gerações; mas agora foi manifesto aos seus santos." Ele pode fazer conhecido o evangelho só porque Deus "quis fazer conhecer quais são as riquezas da glória deste mistério" (Cl 1.27). Paulo se esforçava "para o pleno conhecimento do mistério de Deus – Cristo" (Cl 2.2). Com esse propósito, ele lhes solicita a que "orando ao mesmo tempo também por nós, para que Deus nos abra uma porta à palavra, a fim de proclamarmos o mistério de Cristo" (Cl 4.3).

2 Tessalonicenses 2.7 é algo que foge um pouco desse padrão. A referência é ao "mistério da iniquidade que já opera", que ainda não está resolvido. Mas, em 1 Timóteo 3.9, Paulo explica que os diáconos devem guardar "o mistério da fé numa consciência pura". Em 1 Timóteo 3.16, Paulo reconhece que "grande é o mistério da piedade". Mas então ele prossegue, explicando esse mistério como que consistindo da verdade que agora se fez conhecida, a saber: "Deus se manifestou em carne, foi justificado em espírito, visto dos anjos, pregado entre os gentios, crido no mundo e recebido na glória". Seu enfoque consiste em que o mistério, outrora oculto, agora se fez conhecido.

Finalmente, no livro de *Apocalipse*, o "mistério das sete estrelas" é explicado. As sete estrelas são as sete igrejas (Ap 1.20). João, subsequentemente, revela que "o mistério de Deus" será cumprido "como anunciou aos seus servos, os profetas". De forma similar, Babilônia é o "mistério" que o anjo intérprete "explicará" (Ap 17.5-7).

O termo "mistério" é usado vinte e oito vezes no Novo Testamento. Se descartarmos por um instante a ocorrência em 1 Coríntios 14, presentemente em consideração, vinte e sete casos falam do "mistério" como sendo algo que outrora esteve oculto, mas que agora foi revelado. O cristianismo enfaticamente não é uma religião de mistério. Ele se põe em drástico contraste com numerosas outras religiões edificadas sobre códigos de segredo. A meta do cristianismo é que tudo seja amplamente aberto. O Deus do cristianismo não tem nada para ocultar. Ele manifesta publicamente sua verdade ao mundo da mesma forma que envia luz para dispersar as trevas.

Neste contexto mais amplo, a referência a um "mistério" em 1 Coríntios 14.2 pode ser apropriadamente entendida. "O que fala em língua... fala mistérios", diz Paulo. Ao falar um "mistério", ele não oculta a verdade. Aliás, ele comunica a verdade que se lhe fez conhecida por divina revelação. As línguas foram instrumento para comunicar a revelação. Elas foram um meio pelo qual Deus descortinou a verdade redentiva outrora oculta, mas agora revelada. Essa interpretação do termo "mistério", em 1 Coríntios 14.2, pode parecer contraditória à primeira vista, à luz do restante do versículo. Pois Paulo diz: "O que fala em língua não fala aos homens, mas a Deus; pois ninguém o entende, porque em espírito fala mistérios" (1 Co 14.2). Como é possível fazer bom sentido que uma mensagem expressa em línguas é revelacional, se ela não é entendida?

Poderia fazer sentido se as "línguas" descritas ao longo da Escritura forem idiomas estrangeiros. Se "línguas" são "idiomas" estrangeiros para quem fala, os quais não podem ser conhecidos do auditório, então o sentido – "o que fala em língua não fala aos homens, e, sim, a Deus, visto que ninguém o entende" (1 Co 14.2) – seria perfeitamente justificável. Ele fala como instrumento da revelação, mas o idioma de sua revelação não é entendido sem que seja traduzido. Neste respeito, a situação em Corinto pode ser contrastada com a circunstância singular em Jerusalém, no primeiro dia do falar em línguas. No dia de Pentecostes, todos os diversos idiomas do mundo foram apresentados tanto pelos ouvintes como pelos que falavam. Porquanto todos ouviam em sua própria língua nativa as obras portentosas de Deus. Mas em Corinto não é provável que todos os idiomas do mundo estivessem representados. Em decorrência disso, ninguém entenderia o orador, ainda quando declarasse a verdade de

Deus que lhe vinha por revelação. Um "mistério" estava sendo revelado na alocução daquele que falava línguas, mas, visto que ninguém estava familiarizado com a língua que ele falava, sua revelação não era entendida.

Seja como for, o uso do termo "mistério", quando se relaciona a "línguas", claramente indica que as línguas eram de caráter revelacional em sua natureza. Por meio do dom de línguas, um "mistério" concernente ao método redentivo de Deus era "revelado" ao povo de Deus do novo pacto. O caráter revelacional das línguas é ainda mais confirmado pelas palavras adicionais e explicativas de Paulo:

> "O que fala em língua edifica-se a si mesmo, mas o que profetiza edifica a igreja. Ora, quero que todos vós faleis em línguas, mas muito mais que profetizeis, pois quem profetiza é maior do que aquele que fala em línguas, a não ser que também interprete para que a igreja receba edificação" (I Co 14:4-5).

De acordo com a última frase da citação acima, as línguas interpretadas são equivalentes a profecia. A mensagem comunicada através de uma língua é expressa no nível de profecia divinamente inspirada, uma vez que a língua tenha sido interpretada. Se a profecia é um dom revelacional (como a evidência bíblica de ambos os Testamentos, Velho e Novo, parece apoiar), e as línguas interpretadas são equivalentes a profecia, então as línguas também devem ser entendidas como um dom revelacional.

Para que se entenda mais plenamente o enfoque de Paulo acerca da relação de línguas e profecia na vida da igreja, deve-se formular as seguintes perguntas: como as palavras edificam? Exatamente como o dom verbal da profecia "edificava"? Acaso foram as sensações criadas pela voz do profeta que edificavam? Foram as vibrações físicas penetradas nos ouvidos dos ouvintes que edificavam? Ou era a emoção experimentada pelo próprio profeta que de algum modo tinha o efeito de edificar os ouvintes?

Não! Não eram as sensações auriculares em si mesmas que edificavam os crentes fazendo sua fé mais santa. O que edificava era a compreensão da verdade de Deus comunicada por meio de uma revelação através do profeta. Pela comunicação da verdade que podia ser entendida e crida é que os ouvintes eram edificados em sua fé.

De uma maneira similar, as línguas que eram interpretadas para que o povo pudesse entender a revelação se faziam equivalentes a profecia como instrumento de edificação. Sem interpretação, a simples observação de alguém falando em uma língua não tinha qualquer efeito edificante sobre o espectador. Uma vez, porém, que a mensagem expressa numa língua era interpretada para o auditório, a edificação podia ocorrer entre eles como havia ocorrido ao orador. Porque as línguas interpretadas eram equivalentes a profecia em seu poder edificante. Uma vez interpretada, a mensagem expressa numa "língua" transformava-se na própria voz de Deus para o povo.

Mas é preciso formular uma pergunta adicional. De que forma essas línguas tinham o efeito de edificar *o orador*? Paulo afirma com clareza: "O que fala em língua edifica-se a si mesmo" (1Co 14.4). Mas o quê no ato de falar numa língua causa a edificação? Era a vibração física associada ao fenômeno de falar em línguas que edificava o orador? Era a emoção acompanhando a experiência? As línguas, como a profecia, eram um dom verbal; e os dons verbais edificam comunicando entendimento. A edificação através do exercício de um dom verbal não ocorre pela vibração física das cavidades orais. Não ocorre através das excitações não-racionais das emoções. A edificação através do dom verbal ocorre, aliás, pela ação de o orador entender e crer na verdade que ele expressa. De outro modo, não há edificação.

Qualquer um que ensine ou pregue a Palavra de Deus entende este princípio rudimentar sobre edificação espiritual. O pregador sabe perfeitamente que ele não é edificado pelo mero exercício de seu dom para a pregação. Ele deve entender e crer no que ele diz, caso a edificação deva ocorrer com ele mesmo.

Se esse não fosse o caso, um conceito totalmente diferente da maneira como a edificação ocorre teria que ser considerado. Pois se o Espírito pode simplesmente usar o exercício de um dom verbal para a edificação do orador, sem a compreensão do que ele diz, então o mesmo efeito poderia ser experimentado pelos ouvintes tanto quanto o orador. Se aquele que se expressa numa língua pudesse ser edificado, mesmo quando não entende o que fala, não poderia a congregação esperar ser edificada da mesma forma? Se as sensações associadas à articulação de sons como "*quesrylespoyou*" têm o poder de edificar o orador, por que essas mesmas sensações ou vibrações não poderiam ter o mesmo efeito edificante nos ouvidos do ouvinte?

Mas um auditório não é edificado nem sequer um pouquinho, não importa quão zeloso seja o orador, se a mensagem é ininteligível. Paulo deixa isso bem explícito. Ninguém é edificado quando ninguém entende (1 Co 14.2). A edificação através de um dom verbal é intrinsecamente associado à compreensão da mensagem.

De acordo com este princípio, deve-se concluir que as línguas edificavam quando comunicavam a verdade divina, primeiro ao orador, e então ao ouvinte. À parte da compreensão não havia edificação alguma. Era a experiência revelacional da verdade de Deus diretamente ao que falava em línguas que o levava a ser edificado. A experiência daquele que falava línguas era uma experiência revelacional, através da qual Deus lhe comunicava conhecimento que tinha o efeito de edificá-lo.

Neste ponto é essencial focalizarmos atentamente 1 Coríntios 14.14. Pois aparentemente Paulo contradiz este princípio quando diz: "Porque se eu orar em língua, o meu espírito ora, sim, mas o meu entendimento fica infrutífero." Esta afirmação parece indicar que alguém que ora em língua não consegue entender o que está dizendo. Pode parecer que Paulo esteja asseverando que seu "espírito" não-racional se expressa com total eficiência quando fala em línguas. Mas sua "mente" é "infrutífera", o que parece indicar que ele deixa de entender as palavras que ele mesmo tem proferido em línguas.

Entretanto, essa compreensão superficial da frase repousa numa falsa dicotomia entre o "espírito" e a "mente" humanos, da forma como esses conceitos aparecem nas Escrituras do Novo Testamento. O "espírito" (*pneuma*) e a "mente" (*nous*) não podem ser separados tão radicalmente um do outro. Um exemplo da intimidade de sua interoperação pode ser ilustrada à luz de um incidente na vida de Cristo. Alguns de seus oponentes começaram a "arrazoar em seus corações" que ele [Cristo] estava blasfemando (Mc 2.6). Mas Jesus "percebeu em seu espírito" o que estavam arrazoando (Mc 2.8). O termo "percebeu" deriva da mesma raiz para "mente" (*nous*), como é encontrado em 1 Coríntios 14.14; enquanto que o termo "espírito" (*pneuma*) é a segunda palavra encontrada no mesmo versículo em 1 Coríntios. De acordo com o Evangelho, Jesus possuía "conhecimento racional" em seu "espírito", o que claramente indica que o "espírito" não contém simplesmente o lado emocional do homem. "Mente" e "espírito" no homem se comunicam entre si. É uma falsa dicotomia, contrária ao ensino bíblico acerca do homem, pressupor que o "espírito" (*pneuma*) do homem é um aspecto irracional, puramente emocional, do homem, enquanto que sua "mente" (*nous*) tem a ver com sua capacidade de raciocínio.

Quando Paulo diz: "meu espírito ora" (1 Co 14.14), ele quer dizer que dos recessos de sua alma ele oferece orações a Deus. Mas esse orar "em seu espírito" não é destituído de plena percepção racional. Em decorrência dessa percepção [racional] quando ora, ele é edificado. Ao mesmo tempo, porém, sua "mente", esse instrumento pelo qual ele pode formular seus pensamentos com o propósito de comunicá--los a outrem, permanece "infrutífera". Não produz fruto. Ninguém mais na assembleia é edificado com ele, porque ninguém mais entende o que ele está falando em língua. Ele é suficientemente edificado. Mas nenhum outro é edificado, porque seus pensamentos não lhes estão sendo comunicados de uma forma que possam entender. Ninguém mais pode juntar-se a ele em sua oração, porque ninguém mais entende a mensagem de sua "língua". Mas se a mensagem inspirada de seu espírito é traduzida num idioma conhecido pelo povo, então eles também poderão ser edificados juntamente com o orador.

Tal compreensão do versículo 14 encontra forte confirmação nos versículos imediatamente seguintes. Diz Paulo àquele que possui o dom de línguas:

> "Se você estiver louvando a Deus em espírito, como poderá aquele que está entre os não-instruídos dizer 'Amém' à sua ação de graças, visto que não sabe o que você está dizendo? Pode ser que você esteja dando graças muito bem, mas o outro não é edificado" (1 Co 14.16-17, NIV).

Se presumirmos que um *orador* pode dar graças "muito bem" sem mesmo entender o que ele está dizendo, não poderia o ouvinte igualmente participar da ação de graças em seu coração sem jamais entender o que o orador pode estar dizendo?

Seria muito mais consistente com o verdadeiro método de edificação, através de um dom verbal, concluir que aquele que se expressava em língua entendia o que dizia, visto que dava graças devidamente. Mas o ouvinte não podia juntar-se a ele, visto que não entendia.

Alguns supõem que a intenção de Paulo era descrever um dom verbal que edifica o orador a despeito de sua carência de compreensão, mas que o mesmo não pode edificar também o ouvinte. Todavia a evidência aponta em outra direção. O orador dá graças suficientemente bem porque ele entende sua mensagem divinamente inspirada, ainda quando ela lhe venha num idioma que jamais aprendeu. Mas a mensagem "não produz fruto" de santificação entre o auditório, porquanto ela não lhe é inteligível.

Tal perspectiva no versículo 14 pode ser apoiada por uma consideração adicional do versículo 5. Paulo diz: "pois quem profetiza é maior do que aquele que fala em línguas, a não ser que também interprete" (1 Co 14.5). O enfoque é consistentemente formulado. Uma vez interpretadas, as línguas são equivalentes a profecia. Qual, porém, era a intenção de Deus na profecia? Por que ele instituiu essa forma de comunicação?

A intenção de Deus na profecia era comunicar a seu povo sua Palavra verbalmente inspirada, infalível e inerrante. Deus não deixaria por menos, visto que Ele queria que seu povo possuísse um seguro depósito da verdade. Da mesma forma, a intenção original de Deus ao inspirar uma pessoa para enunciar sua palavra em língua era dar expressão à sua Palavra verbalmente inspirada, infalível e inerrante. As línguas interpretadas podiam ser equivalentes à profecia inspirada, só porque as línguas propriamente ditas eram um dom revelacional. Ao falar em línguas, uma pessoa estava enunciando a própria Palavra de Deus, infalível e inerrante, em todas as suas partes.

A intenção original para as línguas só podia ser mantida se o dom de interpretação também fosse exercido como um dom equivalente em sua inspiração aos dons de línguas e profecia. Somente uma tradução efetuada sob a direta inspiração do Espírito Santo poderia reter o caráter verbalmente inspirado, infalível e inerrante da Palavra de Deus. Qualquer um que pretendesse uma tradução da Bíblia do grego para o inglês entenderia a necessidade de um dom inspirado, se a precisão e a autoridade da Palavra original de Deus tinham que ser mantidas em absoluta perfeição. É evidente, à luz de 1 Coríntios 14.28, que aquele que falava línguas não tinha necessariamente o dom de interpretação – um dom que requeria uma exatidão que fosse além da compreensão do sentido da revelação possuída pelo que falava em línguas.

Nenhuma alegação poderia ser feita por algum tradutor da Escritura de que seu produto era idêntico com a Palavra de Deus verbalmente inspirada, infalível e inerrante como originalmente transmitida, a menos que pudesse afirmar inequivocamente que o próprio Deus estivera inspirando direta e infalivelmente a transposição de um idioma para outro. Em qualquer caso, Paulo indica nesses versículos que as línguas interpretadas são equivalentes a profecia. Se a profecia é de caráter revelacional, e as línguas interpretadas são equivalentes a profecia, então as línguas devem também ser uma forma de revelação que Deus usou para sua igreja.

Por essa razão, se as línguas forem experimentadas hoje, não poderão ser consideradas em pé de igualdade com as línguas do Novo Testamento, afora o fato de abrir a porta para a revelação contínua além das Escrituras. O efeito de tal conclusão seria de mui longo alcance, e incluiria a introdução da questão que envolve a perfeição da revelação divina dada através dos apóstolos e profetas, designada por Deus a prover fundamento para a igreja que deve permanecer imperturbável ao longo da presente época.

2. As Línguas no Novo Testamento eram Idiomas Estrangeiros

Atos 2.6 torna o enfoque muito mais claro: "Cada um os ouvia falar em sua própria língua." O testemunho ao longo do restante do livro de Atos não possui nenhum indicador que um tipo distinto de língua se manifestou na experiência da igreja após o Pentecostes. Ao contrário, a evidência apoia a continuação do mesmo tipo de "falar línguas" segundo ocorreu no dia de Pentecostes. Em Atos 10, Pedro justifica o batismo dos gentios que falaram em línguas, pois, "como nós, receberam o Espírito Santo" (At 10.47). Ao reportar sua ação à igreja em Jerusalém, Pedro chama especial atenção para o mesmo ponto: "o Espírito Santo desceu sobre eles, como também sobre nós no princípio" (At 11.15). A experiência com o Espírito Santo em Cesareia correspondeu ao batismo do Espírito que viera sobre os apóstolos no dia de Pentecostes. Se o dom de falar em línguas, em Atos 2, envolvia falar num idioma estrangeiro nunca aprendido, então a mesma explicação se aplicaria à experiência de línguas como a manifestada entre os gentios de Cesareia. À luz desse fato, pode-se presumir que a mesma explicação se aplicaria ao dom de línguas manifestado em Éfeso (At 19.7). Seria oportuno observar que a experiência de línguas em Éfeso ocorreu depois que Paulo visitou Corinto (cf. At 18.1-19). Enquanto que nenhuma descrição específica caracteriza o falar línguas em Éfeso, o uso de idioma idêntico utilizado para descrever o fenômeno em Éfeso, como fora utilizado em narrativas anteriores em Atos, consistentemente sugere que a natureza das "línguas" em Éfeso correspondia às "línguas" mencionadas por Lucas ao longo do livro de Atos.

Não se faz no livro de Atos qualquer menção de uma ocorrência de falar línguas em Corinto (cf. At 18.1-18). Mas de acordo com a Primeira Carta de Paulo aos Coríntios, o fenômeno de línguas obviamente exercia um proeminente papel na vida de sua igreja.

Qual era a natureza desse fenômeno em Corinto? Pareceria deveras muito estranho se antes e depois de Corinto, como descrito em Atos, um só tipo de "língua" se manifestasse, enquanto que em Corinto surgiu um fenômeno totalmente distinto – e isso sem qualquer indicação em Atos de uma suposta diferença. Em ambos, Atos e 1 Coríntios, usou-se a mesma terminologia. Atos 2.4 fala de "outras línguas", e 1 Coríntios 14.21, semelhantemente, faz referência a "outras línguas". O grego é quase idêntico em ambos os lugares, e pode-se traduzir "outros idiomas" em cada caso. Além do mais, 1 Coríntios 14 emprega uma citação do Velho Testamento que claramente fala de idiomas estrangeiros para explicar o fenômeno em Corinto (1 Co 14.21, cf. Is 28.11,12; Dt 28.49). Como resultado, pode-se concluir que, ou Paulo está fazendo uma aplicação de uma passagem do Velho Testamento que não é estritamente aplicável, ou que as línguas de 1 Coríntios 14 eram idiomas estrangeiros como antecipadas na passagem do Velho Testamento citada por Paulo. Ainda mais, as línguas de 1 Coríntios 14 eram traduzíveis, fato que sugere que eram idiomas estrangeiros. Ainda que fosse conclusivo que essas "línguas" de 1 Coríntios eram "línguas dos anjos", ainda assim seriam idiomas traduzíveis em [idiomas] humanos equivalentes.

Forte evidência cumulativa reforça a conclusão de que as línguas dos tempos do Novo Testamento, tanto em Atos como em 1 Coríntios, eram idiomas estrangeiros. O efeito dessa conclusão consiste em colocar uma grande porção da atividade moderna de falar em línguas fora da esfera de experiência válida desde o início do Novo Testamento. Seja o que for que está acontecendo hoje, ele não condiz com o tipo de experiência cúltica descrita pelas Escrituras do Novo Testamento.

Neste respeito, deve-se rejeitar um conceito que tem sido amplamente difundido em dias recentes, não por seus pontos iniciais, mas, antes, por sua inesperada conclusão. Tal ponto de vista particular começa afirmando que as línguas descritas no Novo Testamento eram para o uso público na igreja [o que é correto]. Além do mais é asseverado que as línguas de hoje devem ser consideradas como algo mais que o fenômeno de línguas descrito nas Escrituras do Novo Testamento.

Mas, na conclusão, propõe que as línguas de hoje, ainda que não da mesma natureza das línguas do Novo Testamento, são, não obstante, um dom do Espírito para a igreja moderna. Ainda que admissivelmente não sejam as mesmas línguas do Novo Testamento, diz-se que exercem um papel relevante na vida do povo de Deus hoje. Por causa da agitação frenética da vida moderna, o Espírito de Deus concebeu esse meio pelo qual o cristão dos dias modernos, estressado, pode encontrar lenitivo emocional e psicológico. Através do "falar em línguas", pode-se encontrar uma resposta às tensões associadas ao modo de vida no mundo de hoje.

Obviamente, tal conclusão não pode ser oriunda de uma exegese da Escritura, visto que a posição afirma que as línguas do Novo Testamento não são as mesmas "línguas" dos dias modernos. Aliás, tem-se proposto que as assembleias públicas do povo de Deus sejam abertas a um fenômeno mais espetacular com base em observações psicológicas concernentes aos possíveis efeitos do falar em línguas. As línguas modernas são apresentadas como um elemento legítimo no culto de hoje com base numa hipótese sobre a maneira de Deus decidir aliviar os estresses emocionais especiais do mundo moderno.

Supõe-se, porém, que o apóstolo Paulo não era carente de alívio emocional das tensões associadas ao seu "cuidado por todas as igrejas" (2 Co 11.28)? Concluir-se-ia que Martinho Lutero não carecia do "alívio psicológico" que surge do dom supostamente moderno de línguas? Com reis e governadores procurando constantemente sua vida, Lutero teve uma situação menos agitada do que os cristãos do mundo moderno?

Muitas atividades podem funcionar como lenitivos psicológicos. Uma refeição fora, ver um vídeo, ou praticar um jogo de golfe, pode servir para elevar o espírito. No entanto, nenhuma dessas coisas seria considerada como um "dom" do Espírito. Dons espirituais são administrações especiais do Espírito Santo pelas quais os membros do corpo de Cristo se nutrem e ministram uns aos outros. Sugerir que o moderno fenômeno de línguas não é da mesma natureza daquele do Novo Testamento, e ainda assim é um dom do Espírito para a igreja de hoje, poderia abrir a porta para quase todo tipo de fenômeno centrado na experiência.

Seria muito mais consistente com a evidência bíblica reconhecer que, em vista de as línguas do primeiro século serem idiomas estrangeiros, as línguas de hoje, que não parecem ser idiomas estrangeiros, devem ser consideradas como um fenômeno não endossado pelas Escrituras do Novo Testamento.

3. As Línguas no Novo Testamento Eram para Uso Público, Não Privativo

Todos os dons do Espírito visavam ao benefício da igreja de Cristo. Um "dom" no Novo Testamento era concedido a um indivíduo para que ele proporcionasse uma bênção ao povo de Deus. Por meio de um "dom" do Espírito, uma só pessoa é capacitada para ministrar a outras. Rudimentar a todo o conceito de dons está o fato de que eles não são para consunção privativa, e, sim, são dados visando à edificação do corpo de Cristo. Paulo diz:

> "Ora, há diversidade de dons, mas o Espírito é o mesmo. E há diversidade de ministério, mas o Senhor é o mesmo. E há diversidade de operações, mas é o mesmo Deus que opera tudo em todos. A cada um, porém, é dada a manifestação do Espírito para o proveito comum" (1 Co 12.4-7).

É com esse discernimento em mente que Paulo passa a desenvolver a imagem da igreja como corpo. A cada parte do corpo é dado um ministério pelo qual possa auxiliar o resto do corpo. O olho impede o corpo de tropeçar. A boca fornece nutrição ao corpo. O ouvido ouve para o resto do corpo. Todos os diversos dons capacitam os membros do corpo de Cristo a ministrar uns aos outros.

Com este quadro amplo da natureza pública dos dons espirituais em mente, consideremos mais detidamente 1 Coríntios 14.18-19. Paulo diz:

> "Dou graças a Deus, que falo em línguas mais do que vós todos. Todavia, na igreja, eu antes quero falar cinco palavras com o meu entendimento, para que possa também instruir os outros, do que dez mil palavras em língua."

Ora, à primeira vista parece que Paulo pretende contrastar as línguas privativas com as línguas públicas. Acaso Paulo não está dizendo: "Dou graças a Deus, que [privativamente] falo em línguas mais do que vós todos, mas [publicamente], na igreja, eu antes quero falar cinco palavras com o meu entendimento, para que possa também instruir os outros"? O contraste entre palavras privativas articuladas em línguas e palavras públicas articuladas em profecia parece ser sublinhado por seu uso da frase "na igreja" somente em conjunção com "palavras com o meu entendimento" de profecia.

Mas o intérprete deve prevenir-se quanto à introdução de palavras ou conceitos que não aparecem no texto original da Escritura. Como matéria de fato, a ordem das palavras do versículo 18, no idioma original, salienta claramente o verdadeiro contraste pretendido por Paulo nesses versículos. Não é um contraste entre alocuções privativas e públicas. Aliás, Paulo está contrastando sua experiência em falar em línguas, no progresso do reino de Cristo em geral, com a prática daqueles que eram por demais desejosos de promover línguas na igreja de Corinto. "Falo em línguas", diz ele, "mais do que todos vós." A ênfase de Paulo é realçada pela ordem de suas palavras. "Em relação a todos vós, falo mais em línguas" (v. 18). A comparação é entre Paulo e os [membros] da igreja de Corinto que se mostravam tão interessados em promover o falar em línguas. Talvez para a surpresa deles, Paulo afirma que ele fala em línguas mais do que todos eles.

Então, no próximo versículo ele introduz seu contraste. "Todavia, na igreja, eu antes quero falar cinco palavras com o meu entendimento" (v. 19). Este, pois, é o contraste de Paulo. Não é um contraste entre línguas privativas e profecia pronunciada na igreja. Ao contrário, o contraste é entre línguas, quando se relacionam com aqueles que estão promovendo línguas entre os coríntios, e línguas, quando se relacionam com a igreja como um todo. Paulo diz: "Em relação a vós, meu registro é óbvio. Reconheçam este fato. Não discuto sobre falar em línguas, como se nada soubesse acerca do assunto, pois tenho falado em línguas mais do que todos vós. Meu conhecimento sobre falar em línguas é de primeira mão. Mas, com referência à igreja, preferiria falar claramente, num idioma que edifique. Conquanto, como matéria de fato, eu fale em línguas mais do que todos vós, minha preocupação é com a edificação."

Eis o contraste nos versículos 18 e 19. Não se faz qualquer menção de línguas privativas em contraste com línguas públicas. Pois línguas no Novo Testamento nunca se destinavam ao uso privativo. Como todos os demais dons do Espírito, as línguas se destinavam a todo o corpo. Com esta perspectiva em vista, torna-se claro, a princípio, que a vasta maioria da atividade de falar em línguas, hoje, não pode ser a mesma do Novo Testamento. As línguas privativas não são as línguas do Novo Testamento. Se línguas são um dom para a igreja, elas devem ser pronunciadas em público para que a igreja seja beneficiada.

Endossar a ideia de um dom "privativo" de línguas pode levar a uma situação peculiar. Suponhamos que um homem declare sua consciência da vocação para o ministério. A igreja responde, indicando seu desejo de testar seus dons. Ele afirma que em seu juízo ele tem o dom da pregação; então a igreja põe à prova esse dom. Ele diz que sente em si mesmo o dom da administração. Então a igreja testa esse dom.

Mas, e se esse candidato para o ministério do evangelho declarar que tem também o dom de línguas? Terá a igreja também de testar esse dom? Ou se concluirá que as línguas se constituem num dom privativo, e portanto, não pode ser testado? Estranha, sem dúvida, seria tal circunstância. Uma pessoa conclui que possui um dom destinado ao corpo, e no entanto seu dom não pode ser testado. Cada um dos demais dons do Espírito deve ser testado publicamente pela igreja. Mas uma categoria de dons está sendo introduzida, a qual não pode sujeitar-se ao teste dos irmãos. Tal espécie de circunstância na igreja seria deveras estranha.

Ainda outro versículo deve ser cuidadosamente analisado em referência à possibilidade de dons "privativos" na igreja. Porquanto 1 Coríntios 14.28 declara que, se não estiver presente nenhum "intérprete" para fornecer o significado de uma alocução proferida em língua, então o orador deve manter-se em silêncio na igreja, e que "fale consigo mesmo e com Deus". Porventura essa declaração não parece endossar um dom privativo, que não é exercido publicamente na igreja?

Se focalizado por um certo prisma, este versículo parece endossar a privatização do dom de falar em línguas. Se não há nenhum intérprete presente, o falar em línguas passa a ser "falar consigo mesmo e com Deus".

Uma análise mais cuidadosa, porém, parece não oferecer apoio a essa posição. Pois toda a essência da passagem consiste em prover o devido controle dos dons em sua função na igreja. "Dois, ou quando muito três", falariam em línguas, e alguém deveria interpretar (v. 27). De maneira similar, "dois ou três profetas" falariam, e os demais discriminariam (v. 29). Todo o contexto trata do ordeiro funcionamento dos dons no seio da assembleia. No contexto desta precisa discussão, Paulo enfatiza que aquele que fala em línguas, sem um intérprete, deve permanecer em silêncio, falando consigo mesmo e com Deus (v. 28). As duas ações são simultâneas. Enquanto se controla até que um intérprete esteja presente, ele fala consigo mesmo enquanto se comunica com Deus.

A questão não é se o dom de línguas deve ser exercido em privativo ou em público. Ao contrário, a questão é a respeito de quando o dom de línguas pode ser exercido na assembleia, e a resposta é que as línguas só podem ser exercidas adequadamente na igreja quando um intérprete estiver presente. À luz do comentário no versículo 31, de que "todos poderão profetizar" no devido tempo, pode-se presumir que o mesmo princípio valeria para as línguas. Tão logo um intérprete esteja presente, a alocução pode ser proferida. No ínterim, porém, aquele que fala em línguas deve demonstrar paciência na assembleia, justamente como o profeta. Pois os espíritos dos profetas estão sujeitos ao total controle dos profetas.

Em qualquer caso, o contexto pressupõe o exercício público dos dons. Os dons verbais de línguas e profecia se destinam a toda a comunidade, não simplesmente para o exercício individual em privativo. Uma pessoa pode justificar o exercício privativo de "línguas" a partir da experiência pessoal. Ela pode testificar do fato de que extrai grande alívio das tensões através de expressar suas vocalizações em oração ao sabor de seu procedimento racional. Sua oração em línguas é para ele um "dom" da parte de Deus que o auxilia a competir com a vida moderna.

Mas, afinal, a experiência deve ser julgada pela Escritura, e não o contrário. É possível que os gemidos em oração às vezes expressem emoções tão profundas que não sejam facilmente formuladas em expressões racionais. Contudo esses tipos de experiências não devem ser identificados com as línguas do Novo Testamento, a menos que um convincente argumento exegético venha a estabelecer essa questão.

4. As Línguas no Novo Testamento Eram um Sinal

As línguas serviam como sinal da parte de Deus concernente ao cumprimento de profecias particulares acerca de uma dramática mudança na direção do procedimento de Deus para operar no mundo. Deus não costuma surpreender amiúde seu povo com algo totalmente inusitado. Ele o prepara para que possa entender o que [Deus] está para fazer. Este princípio rudimentar acerca do método de Deus operar no mundo se aplica à manifestação do dom de línguas nos tempos do Novo Testamento. Profecia e cumprimento, preparação e realização operam conjuntamente para a edificação e iluminação do povo de Deus.

Certo presbítero de uma igreja da periferia de Chicago, Illinois, fazia voo acrobático como hobby. Dar um passeio com um piloto fazendo acrobacia pode ser muito divertido, contanto que você esteja devidamente preparado.

"Quer dar um passeio comigo?"

"Certo, subamos! Só que não me surpreenda com algumas manobras inesperadas."

"Muito bem, comecemos com uma pequena acrobacia. Mas esteja preparado. Você vai experimentar um certo fator "G" – um arranco 'gravitacional'. Você se sentirá como se sua pele estivesse sendo puxada de um lado para outro do contorno esquelético de seu rosto. Eis o fator 'gravidade'."

Em seguida ele anuncia o "martelo". Nessa manobra, o nariz do avião aponta diretamente para cima. O avião sobe para o céu até que a gravidade subjuga a força propulsora da máquina. Quando o motor começa a morrer, o avião se precipita de viés. Sua esperança é que a máquina pegará de novo quando você mergulhar de ponta. Eis o voo acrobático. Uma vez que você esteja devidamente preparado para as diversas manobras, então não terá problema algum.

De uma forma muito mais razoável, Deus prepara seu povo para o que está por vir na esfera da redenção. Ele não alarma seu povo com surpresas. Deus não introduziu repentinamente o fenômeno de línguas como algo totalmente novo no dia de Pentecostes. As profecias do Velho Testamento determinam o estágio para as línguas que ocorreriam no futuro.

Já observamos a referência de Pedro à profecia de Joel no dia de Pentecostes (At 2.16-21). Quando os doze apóstolos começaram a falar em línguas, eles nunca haviam estudado. Pedro afirmou que estavam cumprindo a profecia de Joel. Joel havia preparado o povo de Deus para aquele momento, declarando que nos últimos dias Deus derramaria seu Espírito sobre toda carne. Ele profetizou que os filhos e filhas *falariam em línguas*.

Foi isso mesmo que Joel disse?

Não, não foi isso o que ele disse.

O que disse então? Disse que os filhos e filhas profetizariam. Todavia, o Pentecostes é claramente caracterizado como o grande dia de falar em *línguas*.

Teria Pedro pervertido a Escritura? Teria ele torcido a profecia de Joel para fazê-la dizer o que ele queria ouvir?

Não, é claro que não. Mas sua aplicação da profecia de Joel às "línguas" aponta para uma compreensão básica da natureza das línguas. As línguas devem ser consideradas como um subestabelecimento da profecia. Portanto, a predição de Joel sobre a profecia nos últimos dias forneceu alguma preparação para o fenômeno das línguas. À luz da aplicação que Pedro fez das palavras de Joel no dia de Pentecostes, torna evidente que as línguas são uma forma de profecia.

Mas ainda mais relevante para a compreensão da natureza básica das línguas é a citação de Isaías feita pelo apóstolo Paulo em 1 Coríntios 14.21. Sua citação veterotestamentária realmente é uma referência a "outras línguas".

As "línguas" são mencionadas explicitamente no Velho Testamento não menos que três vezes. Três diferentes autores em três diferentes livros do Velho Testamento explicitamente profetizam sobre as línguas. Em cada caso, as Escrituras veterotestamentárias indicam que as línguas são um sinal da maldição pactual para Israel.

Paulo cita uma dessas profecias sobre as línguas em 1 Coríntios 14.20-22. "Irmãos, não sejais meninos no entendimento; na malícia, contudo, sede criancinhas, mas adultos no entendimento" (1 Co 14.20). As pessoas em Corinto estavam agindo infantilmente em sua atitude para com o dom de línguas. Faziam uso desse dom dado por Deus como se o mesmo fosse uma diversão. Não se preocupavam se os outros entendiam ou não o significado da língua.

Paulo diz: "não sejais meninos". Aos dois anos de idade uma criança pode espremer a comida com sua mão fechada e comer os restos que saem por entre seus dedos. Mas vai chegar o momento em que a criança precisa deixar de ser criança. Da mesma forma, um dom de Deus pode ser usado de forma infantil. Paulo insta com os coríntios que parassem de ser infantis em seu falar em línguas. Ele baseia sua admoestação numa passagem do Velho Testamento que fala sobre "outras línguas". Diz ele:

> "Pois está escrito na Lei: Por meio de homens de outras línguas e por meio de lábios de estrangeiros falarei a este povo, mas, mesmo assim, eles não me ouvirão, diz o Senhor" (1 Co 14.21, NIV).

Com esta citação de Isaías 28, Paulo põe o falar em línguas no contexto da história da redenção. Ele demonstra um acurado entendimento do contexto de sua citação. O profeta perguntara: "Ora, a quem ensinará ele [Deus] o conhecimento? E a quem fará entender a mensagem?" (Is 28.9a). Então o profeta responde à sua própria pergunta: "aos desmamados, e aos arrancados dos seios" (Is 28.9b).

O povo de Deus dos dias de Isaías antecipara o problema da infantilidade que era tão óbvia para Paulo entre os coríntios, em seu uso dos dons espirituais. O profeta então "pinta com cores vivas" o método rudimentar no qual a instrução tinha que ser comunicada por parte do Senhor a seu infantil povo:

> "Pois é preceito sobre preceito, preceito sobre preceito; regra sobre regra, regra sobre regra; um pouco aqui, um pouco ali" (Is 28.10).

Diante de sua infantilidade, Deus deve falar a seu povo como a crianças. Uma regra aqui, um mandamento ali. "Não corra pela rua. Ponha o guardanapo no colo. Vá arrumar sua cama."

Então o profeta pronunciou o juízo divino sobre o povo em decorrência de sua insensatez: "Na verdade por lábios estranhos e por outra língua falará a este povo" (Is 28.11). Se você não ouvir a clara palavra de Deus em sua língua materna, então Deus lhe falará através de um idioma estrangeiro. Ele lhe falará para que ouça palavras da forma como crianças ouvem a conversação do mundo adulto. Se você pretende agir como criancinha, então Deus lhe falará como se você fosse criancinha.

A criancinha se senta no meio do assoalho com seus bolinhos e leite. Ela come seus bolinhos e derrama seu leite no assoalho. Mamãe retorna à sala. Então começa conversar com a criancinha. O que é que a criancinha ouve? Ela apenas ouve sons como bla-bla-bla-bla. Visto que a criancinha não pode entender a linguagem de um adulto, ela ouve as palavras de sua mãe como se fossem meros balbucios.

Mais particularmente, porém, a criancinha ouve palavras de juízo. Isaías diz que as "línguas" de estrangeiros representarão a chegada do juízo divino para Israel. Quando a nação empedernida ouvisse os homens que invadiriam sua terra falando em linguagem estranha, deveria reconhecer em tal fato um sinal de que Deus trouxe seu juízo sobre eles por meio de um exército estrangeiro. O exército dos "babilônios balbuciantes" representa para Israel o retorno do juízo que antes trouxera a confusão das línguas na torre de "Babel".

Mas no oitavo século Isaías não era o primeiro a falar de línguas estranhas como sinal do juízo para o povo de Deus. Recuando ainda mais ao tempo de Moisés, as línguas estranhas representavam a chegada do juízo divino. Uma das mais terríveis passagens da Escritura descreve as maldições do pacto que viria sobre um Israel desobediente. Entre essas maldições que com certeza cairiam sobre o transgressor do pacto estava a seguinte:

> "O Senhor levantará contra ti de longe, da extremidade da terra, uma nação que voa como a águia, nação cuja língua não entenderás" (Dt 28.49).

Neste contexto profético, cuja data recua aos dias de Moisés, a significação das línguas é clara. As línguas servem como um sinal de que o juízo chegou para Israel. A ameaça de maldições pactuais deve cumprir-se, porque Israel fracassará em dar ouvidos à Palavra de Deus. Essa mesma mensagem ecoa uma vez mais cento e cinquenta anos depois de Isaías, nos dias de Jeremias. De Moisés a Isaías e a Jeremias, a significação das línguas para a profecia do Velho Testamento é a mesma.

Jeremias viveu nos dias da conquista babilônica da Palestina. O profeta antecipa o juízo que foi cair em seus dias:

> "Eis que trago sobre vós uma nação de longe, ó casa de Israel, diz o Senhor; é uma nação durável, uma nação antiga, uma nação cuja língua ignoras, e não entenderás o que ela falar" (Jr 5.15).

Uma vez mais as línguas servem como um sinal de juízo pactual sobre uma nação desobediente. Quando os "babilônios balbuciantes" invadirem a Israel, falando seu estranho dialeto, então o povo do pacto divino saberá que o juízo enfim chegou para ele.

E assim a Escritura apresenta um testemunho unificado acerca da significação das línguas. As profecias do século quinze a.C., do oitavo século a.C. e do sexto século a.C., todas unidas, fazem o mesmo enfoque. Quando as línguas estranhas invadirem Israel, serão um sinal de que o juízo divino chegou.

À luz desse contexto mais amplo do Velho Testamento acerca de profecias específicas concernentes a línguas, a explicação que Paulo faz da passagem de Isaías se torna mais inteligível. "De modo que as línguas", diz ele, "são um sinal" (1 Co 14.22). As línguas são um sinal, e um sinal não deve ser considerado como um fim em si mesmo. Um sinal aponta para algo mais. Um sinal serve como um indicador, realçando outro objeto de muito maior valor. Um sinal pode indicar uma mudança de direção na estrada adiante. Pode indicar uma curva na estrada, que forçará a alguém a dirigir-se para uma outra direção. Nesse caso, as línguas funcionam como um sinal na história da redenção, indicando que Deus está fazendo uma mudança.

Qual seria a mudança que Deus estava fazendo quando introduziu as línguas no início da era do novo pacto? Deus estava indicando que não mais falaria um único idioma a um único povo. Pelo menos, desde o tempo de Moisés, ele falou um só idioma a um só povo. Mas agora, através do dom de línguas no Pentecostes, Deus indica que pretende falar em muitos idiomas a muitos povos. Ele falará em todos os idiomas do mundo, a todos os povos da terra.

As línguas, portanto, marcam um ponto de drástica mudança na direção da obra de Deus no mundo. Em contrapartida, as línguas significavam um juízo distintivo para Israel. Jesus fala desse mesmo juízo, quando diz: "Portanto eu vos digo que vos será tirado o reino de Deus, e será dado a um povo que dê os seus frutos" (Mt 21.43).

Quando o povo de Israel ouviu as línguas estranhas dos babilônios, pelas ruas de Jerusalém, estavam experimentando o cumprimento das profecias de outrora. Haviam persistido demais e por demasiado tempo na rejeição das palavras proferidas tão claramente por Deus.

De uma forma similar, as línguas estranhas faladas no dia de Pentecostes eram um sinal de maldição pactual para Israel. Deus não mais lhes falaria exclusivamente em contraste com todas as nações do mundo. Ao mesmo tempo, porém, as línguas no Pentecostes serviram como um sinal da imensurável bênção divina direcionadas a todas as nações do mundo, inclusive Israel. As línguas foram um sinal da extensão da bênção do pacto a todas as nações do mundo. Pois ao tempo que tirava o reino aos judeus, ele também enxertava os crentes no reino, dentre aqueles que haviam sido afastados, por sua misericórdia e graça.

Por essa razão, as línguas seriam vistas como um dramático sinal, num mesmo ponto específico, na história redentiva. Elas marcaram a transição para um evangelho verdadeiramente mundial. Por essa razão, as línguas exerceram um relevante papel na história da redenção.

Inerente à natureza de um sinal, porém, é seu caráter temporariamente limitado. Um sinal a marcar uma curva na rodovia não é mais necessário a um viajante depois que a mudança de direção tenha sido feita. O viajante não apanha o sinal para levá-lo consigo. Uma vez tenha-se completado a conversão, o sinal também terá completado sua utilidade.

Algum dia o mundo pode ter presumido que o cristianismo era uma religião judaica. O cristianismo começou com um Messias judeu e doze apóstolos judeus. Mas Deus deu ao mundo um indicador, na época fundamental dos apóstolos que deixou bem claro que qualquer pessoa de qualquer nação que invocasse o nome do Senhor podia participar, juntamente com Israel, das bênçãos do reino messiânico. Deus falou através de muitos idiomas para que todo o mundo pudesse ouvir. Os gentios tanto quanto os judeus tiveram a oportunidade de entender em sua própria língua que também eles estavam sendo convidados a participar do reino de Cristo.

As línguas ilustraram dramaticamente o caráter universal do cristianismo. Deus não mais se limitava a um só povo. Suas portentosas obras podiam ser ouvidas em todas as línguas do mundo. As línguas eram um sinal dramático de uma mudança de direção. O cristianismo não era mais uma religião exclusivamente "judaica", a despeito de suas origens claramente judaicas.

Outrora era óbvia a necessidade de um sinal para indicar o caráter universal do cristianismo. Quem hoje, porém, correria o risco de confundir o cristianismo com uma religião "judaica"? A necessidade de um sinal de transição não mais existe. Através do dom de línguas Deus tornou óbvio a todos que ele já deixou de falar um só idioma ao mundo e passou a falar todos os idiomas do mundo a todos os povos do mundo.

As línguas são um sinal, um sinal que não mais é necessário. Aliás, em seus dias elas também serviram ao propósito de ser um método de revelação. Pois as línguas interpretadas eram equivalentes a profecia. Eram as próprias palavras de Deus que, quando corretamente entendidas, podiam edificar a igreja. Mas assim como a igreja não mais necessita de um sinal que estabeleça seu caráter todo-abrangente, assim tampouco a igreja necessita da revelação da nova verdade divina que as línguas puderam fornecer. Nem mais necessária é a palavra profética, visto que a plenitude da palavra profética tem sido preservada na Escritura.

Tampouco a igreja necessita do pseudoprofetismo, nem das pseudolínguas. Não necessita de nenhum desvio da cristalina declaração do mistério divino que agora é revelado em toda a sua plenitude. A única coisa de que a igreja e o mundo necessitam hoje é da fiel proclamação da Palavra de Deus a nós legada desde os tempos de outrora. Não necessita de nada mais.

Essa contínua necessidade de se ter a clara proclamação da Palavra profética agora encontrada na Escritura é realçada por Paulo quando prossegue sua explanação do fenômeno das línguas como predito no Velho Testamento. "De modo que as línguas são um sinal, não para os crentes, mas para os incrédulos" (1 Co 14.22). As línguas claramente indicam o juízo divino sobre os incrédulos. Se o Senhor trouxe tal juízo devastador ao seu povo do antigo pacto quando os babilônios provocaram Israel, então ele seguramente trará um juízo final de proporções ainda maiores sobre todos aqueles que ouvem e rejeitam a mensagem graciosa do novo pacto. Esse juízo sob o novo pacto foi demonstrado a todos quando, pelo dom de línguas, Deus deixou de falar num só idioma a um só povo, e drasticamente demonstrou suas intenções ao falar muitos idiomas a muitos povos.

Mas o evangelho do novo pacto não pode deixar de comunicar um símbolo do justo juízo de Deus. Ele deve avançar para a clara proclamação da mensagem de salvação em palavras planejadas para levar os homens ao arrependimento. E assim Paulo continua. A assembleia de cristãos não deve repousar satisfeita com a manifestação do dom de línguas, o sinal de juízo destinado aos incrédulos. Se o incrédulo deverá ser convencido de que é um pecador, os oradores no seio da assembleia devem avançar das línguas para a profecia (1 Co 14.24). Então os segredos de seu coração virão a lume, ele se prostrará e adorará a Deus e perceberá a presença de Deus no meio de seu povo (1 Co 14.25). É a profecia, e não as línguas, que finalmente transformará os incrédulos em crentes (1 Co 14.22b).

Por essa razão, a profecia (em sua forma final e escrita) continuará seu papel ativo na vida da igreja ao longo do presente século. Até que Cristo volte em glória, a "mais firme palavra profética" encontrada na Escritura serve à igreja como o instrumento divino para convencer e converter os pecadores (2 Pe 1.19). É essa Palavra viva e poderosa, espada de dois gumes, que penetra ao ponto de dividir alma e espírito, e é capaz de discernir os pensamentos e intenções do coração (Hb 4.12).

5. Conclusão

As línguas, como no caso de todas as demais operações de Deus no mundo, encontram sua relevância quando devidamente localizadas na história da redenção. A experiência de quebrar as barreiras da igreja apostólica no Pentecostes lhe permitiu proclamar o evangelho em todos os idiomas do mundo. Quando visto em seu cenário histórico único, como um sinal de transição para um evangelho todo-abrangente, as línguas transmitiram maior glória ao evangelho universal. Enquanto as línguas serviram como um sinal, hoje, ao papel mais amplo da profecia escrita devemos conceder um lugar permanente de contínua prioridade quando a igreja progride de século a século, proclamando a mensagem das Escrituras proféticas no poder do Espírito Santo aos homens de todas as nações.

Capítulo 3

REVELAÇÃO HOJE?

"Qual é o fim principal de"... a revelação? É bem provável que o leitor não esperava que a pergunta terminasse dessa forma. A forma familiar da interrogação é: "Qual é o fim principal de... o homem?" A mudança na clássica pergunta do Breve Catecismo de Westminster não visa a criar confusão, e, sim, encorajar à visualização da questão do "fim" da revelação a partir de uma perspectiva mais positiva. Pois chegar a um "fim" pode significar chegar a um alvo glorioso.

Ponderemos por um momento acerca do fim da revelação em termos de atingir o seu alvo. Qual tem sido o alvo de Deus em revelar-se aos pecadores ao longo de todas as eras? Porventura o alvo consiste em que o homem tenha sempre sonhos a respeito de Deus? Que ele se extenue continuamente por estabelecer a forma exata de uma visão da Deidade? Ou que ele fique perplexo por toda a eternidade tentando encaixar como num quebra-cabeça todo coerente as muitas partículas das informações sobre Deus que nos vêm do céu?

É evidente que não. O alvo principal da "revelação" não é a perpétua experiência da revelação propriamente dita. A revelação, na verdade, é um meio para um fim. É o método pelo qual Deus se faz conhecer aos pecadores que vivem sem esperança, perdidos e separados de seu Filho, o Senhor Jesus Cristo. A revelação tem como seu fim levar os homens a conhecerem o único e verdadeiro Deus, e a Jesus Cristo a quem ele enviou.

Visto por esse prisma, o "fim" da revelação consiste não em algo a ser lastimado. Como matéria de fato, quanto mais natural for a atitude para com o "fim" da revelação, melhor será. Quanto mais o processo da revelação for completado peça por peça, mais depressa os homens poderão chegar a conhecer pessoal e intimamente o Deus que ama os pecadores em toda a sua plenitude como o Redentor dos homens. Portanto, pode-se formular a seguinte pergunta: "Onde estamos agora nesse processo da autorrevelação de Deus aos pecadores? Onde estamos em relação ao fim?"

O escritor da carta aos Hebreus responde a essa pergunta de uma forma muito específica. Ele evoca as diversas circunstâncias e maneiras nas quais Deus se revelara no passado. Mas, observando que o último estágio da história humana finalmente chegara, ele assevera que Deus agora falou definitivamente por meio da incorporação de toda a verdade na pessoa de seu Filho (Hb 1.1). Até onde a presente forma da existência humana diz respeito, o fim já chegou! O alvo da revelação já foi alcançado! Quanto à presente era, a revelação vinda de Deus já alcançou seu clímax. Por conhecê-lo, o pecador, hoje, atinge o limite de sua capacidade de conhecer pessoalmente seu Criador e Redentor.

É nesse contexto da chegada da "plenitude dos tempos", como planejado por Deus, que a questão do fim da revelação deve ser visto. O término da atividade revelacional concretizado por Deus não deve ser lamentado como se fosse algo como o expirar de um amigo predileto. Ao contrário, deve ser visto como uma caixa repleta de joias que expõe à vista o inestimável tesouro existente em seu interior. Por mais decorada e bela que seja a caixa, a substância propriamente dita tem de ser encontrada na plena revelação do próprio tesouro que jaz em seu interior.

Portanto, agora se estabelece o estágio para considerar-se mais positivamente esta questão do "fim" da revelação. A revelação não deve ser vista como um fim em si mesma, fenômeno esse que se espera perpetue para sempre sua própria existência. A revelação tem como seu alvo o conhecimento pessoal do próprio Cristo, que é o sim e o amém de todas as promissoras palavras de Deus. E assim, nesse contexto, consideraremos em que sentido exatamente, no que diz respeito à presente época, o processo da revelação cessou diante do fato de ter ele alcançado seu alvo com a vinda de Cristo.

1. Em Que Sentido a Revelação Cessou?

a. *Revelação de Deus na natureza e na providência não se encerrou. Dizer que a revelação cessou porque ela atingiu o seu alvo principal na pessoa de Jesus Cristo, não significa que Deus parou de revelar-se na natureza e através das obras da providência.* Os céus continuam a declarar a glória de Deus, e o firmamento a manifestar as obras de suas mãos (Sl 19.1). Deus ainda torna conhecido seu poder e divindade através das obras da criação e da providência (Rm 1.18-20). Lições podem ser aprendidas acerca do caráter de Deus em sua justiça e misericórdia pela observação de seu tratamento com os homens e nações. Sempre que os tiranos são destroçados, a verdade de Deus é vindicada e manifestada. Mas nada em tal revelação explica o modo pelo qual os pecadores são redimidos e restaurados à comunhão com o Criador. Ela pode preparar para Cristo, lançar uma base para se compreender a necessidade de redenção do pecado que condena. Todavia esse progresso da revelação do eterno poder e divindade de Deus não desvenda a identidade do Salvador, a natureza da obra pela qual ele liberta os homens, ou os meios pelos quais as pessoas se tornam participantes de sua poderosa redenção. A "revelação" dessas verdades especiais tem seu fim em Jesus Cristo, e só pode alcançar sua plenitude nele.

b. *Deus não cessou de comunicar-se através das Escrituras. O fato de que a revelação alcançou seu fim ou alvo na vinda de Jesus Cristo não significa que Deus parou de falar e de comunicar-se com os homens através das Escrituras.* O Espírito de Deus continua a iluminar as verdades da Bíblia para que o coração e mente dos homens possa entender e crer. Afirmar que essas revelações especiais acerca de Jesus não mais ocorrem, não significa que Deus não mais comunga e se comunica com seu povo. Por meio da obra do Espírito no coração dos homens, milhões de pessoas por todo o mundo, diariamente, chegam a uma melhor compreensão da verdade de Deus que se encontra na Bíblia. Constantemente ele está conduzindo homens, mulheres e crianças a uma mais profunda compreensão das verdades da Palavra de Deus. Não é nem mesmo necessário ingressar no processo de leitura da Bíblia para que o Espírito de Deus comunique sua verdade dessa maneira. Enquanto uma pessoa dirige ao longo de uma rodovia, ou junta folhas ao ar livre, ou faz o que deseja, ou fala a um amigo, ou se humilha em oração, nova percepção do significado da Palavra de Deus para a vida pode ser granjeada. Deus é vivo, e é com esse Deus vivente que o cristão se comunica constantemente sobre as bases das verdades reveladas na Bíblia.

Esse tipo de experiência regular, porém, conhecido por todo cristão não é o mesmo que "revelação". Asseverar tal coisa não é fazer jogo de palavras. O próprio Paulo às vezes podia falar do "revelar" Deus como uma nova percepção de sua verdade e como a mesma se aplica à vida (Ef 1.17; Fp 3.15). Mas essas experiências se encaixam numa categoria inteiramente diferente daquela revelação especial de Deus, de uma nova verdade acerca de Jesus Cristo, de sua obra e do futuro do mundo. É possível que você tenha certo discernimento sobre o caráter cristão de uma pessoa chamada Maria que o leve a concluir que ela deve casar-se com João. Contudo não pode cometer o equívoco de concluir que seu insite é uma "palavra da parte do Senhor" que deve ser declarada como palavra de Deus ao casal. Pois nada na Bíblia, que é a única fonte da revelação especial de Deus hoje, pode levar-nos a tal conclusão. Você pode ser perito em análise econômica. Mas não conclua que pode anunciar como "palavra da parte do Senhor" que os cristãos devem preparar-se para uma crise econômica que com certeza ocorrerá no próximo ano. Pois a palavra de Deus, como se encontra na Bíblia, havendo alcançado seu clímax em Cristo, não comunica informação específica sobre o amanhã. É esse tipo especial de revelação que cessou, ainda quando a iluminação da palavra revelada da Escritura, como se aplica a situações concretas na vida de indivíduos, ocorra constantemente.

c. *Não há mais comunicações inspiradas e autoritativas além daquelas encontradas na Bíblia. O fim da revelação não significa meramente que não se pode fazer nenhum acréscimo mais à coleção dos escritos inspirados que formam o cânon da Escritura.* Por séculos a Igreja tem reconhecido que os escritos autoritativos da Bíblia são únicos. Não se pode acrescentar nenhum outro livro, nem capítulo, nem versículo a essas matérias. Somente elas são a voz autoritativa de Deus ao mundo, declarando sua vontade para a salvação do homem. A asseveração de que a revelação se encerrou certamente inclui a ideia de que nada se pode acrescentar às Santas Escrituras.

Até mesmo a maioria dos fervorosos pentecostalistas concordaria com este princípio. Quem presumiria reivindicar que as matérias que ele mesmo compôs deveriam ser incorporadas na Escritura? Uma vez que tal princípio é tão geralmente indiscutível, ele não pode ser o ponto de interesse sobre o "fim" da revelação. A genuína matéria de interesse em corrente debate se torna evidente quando se reconhece que a asseveração de que "a revelação cessou" envolve muito mais do que simplesmente declarar uma coleção inviolável de escritos autoritativos e inspirados. Significa mais compreensivelmente que nenhuma outra comunicação inspirada e autoritativa se destina ao povo além daquela que se encontra na Bíblia.

Ao longo das eras, antes que a Escritura se completasse, a revelação concernente ao método da redenção do homem incluía mais matéria do que aquela que finalmente encontrou sua forma na coleção de escritos chamada Bíblia. Esse ponto é claramente visto quando a atividade doutrinária de Jesus é considerada. O final do Evangelho de João inclui duas afirmações que são relevantes para este ponto. Ao incluir sua apresentação de Cristo, João assim declara:

> "Jesus, na verdade, operou na presença de seus discípulos ainda muitos outros sinais que não estão escritos neste livro. E ainda muitas outras coisas há que Jesus fez; as quais, se fossem escritas uma por uma, creio que nem ainda no mundo inteiro caberiam os livros que seriam escritos" (Jo 20.30; 21.25).

Eis aqui palavras que provavelmente nos deixam curiosos. O que eram esses muitos "sinais" e "coisas" que Jesus fez e que os Evangelhos não registraram? Que mensagem era essa comunicada por meio desses sinais? Se a cura do cego de nascença revelou que Jesus era a luz do mundo, e o alimentar dos cinco mil revelou que Jesus era o pão da vida, que coisas portentosas eram essas acerca de Jesus, que outros sinais eram esses que fizeram o Salvador conhecido? Perguntas dessa natureza, contudo, devem ser respondidas pelo fato de que temos no registro da Bíblia tudo quanto carecemos para conhecermos Jesus.

Essa grande verdade deve ser posta diante daqueles que agora confiam e esperam que talvez Cristo venha ao seu encontro e realize sinais similares que revelem realidades sobre si mesmo hoje. Alguns grupos, tais como os católicos romanos, encorajam seus "fiéis" a esperarem por um sinal miraculoso em nossos dias. Com sua extensa tradição de contínuos milagres, essa igreja vê plena razão para crer que Cristo cuidaria de voltar a fazer-se conhecido mais plenamente.

Mas a afirmação de que a revelação especial alcançou seu alvo no que diz respeito à presente época e, portanto, cessou com a vinda de Cristo ao mundo, significa que tal gênero de experiência não deve ser esperado hoje. Não significa simplesmente que o cânon, em termos de uma coleção de escritos inspirados, se tenha encerrado. Não significa simplesmente que nem sequer um livro, um capítulo, um versículo ou uma palavra a mais seria acrescentada à Bíblia. Significa que todas as diferentes formas pelas quais Deus infalivelmente comunicara sua vontade a seu povo cessou, pois todas as suas autorrevelações anteriores eram "canônicas" no sentido em que eram comunicações divinas, autoritativas e inspiradas. O fim da revelação significa que todos os sinais e maravilhas revelacionais cessaram até que este século seja encerrado. Não nos é possível saber tudo acerca de Cristo como gostaríamos, mas temos na Escritura o registro de tudo quanto carecemos saber para a vida e para a piedade (2 Tm 3.16-17).

Deve-se formular outra questão a fim de reforçar a tese de que a revelação já cessou. Pensemos uma vez mais acerca das palavras citadas acima, extraídas do Evangelho de João, sobre os "muitos outros sinais" e as "muitas outras coisas" que Jesus fez. Evidentemente, ao longo de sua vida terrena, Jesus falou muitas outras palavras além daquelas que se encontram registradas nos Evangelhos. Durante seus trinta anos na terra, ele fez muitas outras coisas além daquelas que foram expressas na Bíblia. Quanto mais saberíamos a seu respeito se tudo quanto disse durante o seu viver terreno houvera sido registrado! Mesmo as observações incidentais que ele fazia poderiam revelar muito sobre a pessoa de nosso Salvador. "Não sabíeis que eu devia estar na casa de meu Pai?", disse ele quando ainda adolescente

(Lc 1.49). Que revelação essas palavras nos trazem acerca da autoconsciência de Jesus como o único Filho do Pai celestial com a idade de doze anos! Somos gratos pelo conhecimento dele transmitido pelo registro desse pequeno camafeu. No entanto, ele deve ter dito muitas outras coisas que nos revelariam mais sobre sua pessoa. Sabemos, ademais, que cada palavra que Jesus proferiu teria sido a inspirada e infalível palavra de Deus. Todas as suas palavras eram de caráter revelacional, tenham sido ou não preservadas nos Evangelhos.

Podemos confiar, porém, na superintendência do Espírito Santo sobre os escritores dos Evangelhos. Sabemos que as informações sumamente selecionadas que coletaram foram dadas pela orientação do Espírito de Deus. Não obstante, a seguinte questão deve ser reconhecida: a revelação especial sobre Cristo incluía muito mais do que o registro de suas palavras como se encontra na Bíblia.

Este princípio também se aplica no tocante às mensagens dos profetas nos tempos do Velho Testamento. Eles mantiveram seus ofícios sacros por décadas. Isaías, Jeremias e Ezequiel, todos eles desempenharam sua função de profetas por mais de quarenta anos, cada um deles. Presumir-se-ia que as mensagens proféticas que proferiram estão todas circunscritas nas palavras preservadas na Bíblia? É mui pouco provável. Naturalmente, não carece presumir-se que cada palavra que os profetas proferiram era alocução revelacional inspirada, tal como no caso de Jesus. Parece algo incontestável, porém, que eles proferiram muitas palavras revelacionais, tiveram muitos sonhos revelacionais, realizaram muitos sinais revelacionais que não se encontram registrados na Escritura.

Asseverar que toda a revelação cessou é afirmar que nenhum desses tipos de experiências não mais ocorre. Não é dizer simplesmente que nada na forma de nova revelação pode acrescentar-se à Bíblia. Antes, é afirmar que todos os vários tipos de revelações especiais encontraram sua consumação em Jesus Cristo. Ele era o alvo para o qual todos eles apontavam. Toda a revelação está completa nele. Qualquer outra matéria, na forma de "regras" ou "cânones", não mais funciona como palavra de Deus na igreja.

A linguagem de um importante documento confessional da igreja torna essa questão muito clara. A Confissão de Fé de Westminster afirma que aprouve a Deus "revelar-se em diversos tempos e de diferentes modos". Então "foi igualmente servido fazê-la escrever [a verdade] toda [isto é, exclusivamente]". Não significa que tudo o que Deus revelou aos homens ao longo dos séculos foi registrado, como os sinais e os ditos não-registrados de Jesus claramente o indicam. Antes, essa afirmação da Confissão de Westminster significa que em termos do método pelo qual Ele se faria conhecer, Deus parou de falar através dos sinais, maravilhas, visões e profecias. Agora Ele usa exclusivamente a forma de revelações escritas preservadas para todas as gerações nas Santas Escrituras. Este fato torna a Bíblia não só necessária, e, sim, "mais que necessária", visto que todos aqueles modos antigos de Deus revelar sua vontade a seu povo "agora cessou" (cf. A Confissão de Fé de Westminster, capítulo I, parágrafo 1).

Resumindo: O que significa o fato de que a revelação cessou?

Não significa que Deus está morto e que não mais se comunica com o povo. Os céus ainda declaram a glória de Deus, e o firmamento ainda anuncia as obras de suas mãos. O Espírito Santo, que vive em cada crente, ilumina a verdade de Deus como se encontra na Escritura, e a aplica constantemente à vida e à consciência. A Bíblia incorpora a seleção pessoal das revelações especiais que Ele determinou que a igreja necessitaria ao longo de todas as eras. Nesta revelação escrita de Deus está contido tudo quanto necessário se faz à vida e piedade. Nem sequer uma palavra, ou ideia, ou suposta visão e profecia suplementará a revelação completa da Escritura. Não significa apenas que o cânon escrito está encerrado; significa que nenhuma palavra pode ser acrescentada à Bíblia. O fim da revelação significa que todas as formas anteriores de Deus fazer conhecida sua vontade à sua igreja agora cessaram.

2. A História da Cessação da Revelação

À primeira vista, a ideia de uma cessação da "história" da revelação pode parecer um conceito um tanto estranho. Pareceria mais sensato afirmar, ou que a revelação chegou ao seu fim uma vez por todas, ou que a revelação continua indefinidamente. Mas se a cada dia você dirige seu carro ao escritório, você sabe o que significa parar, começar e prosseguir até que chegue ao seu destino. Com mais frequência do que gostaria, você interrompe seu avanço devido a uma luz vermelha ou uma interferência no tráfego. Até que faça uma parada definitiva por finalmente alcançar seu destino, você já terá parado e recomeçado ao longo de todo o seu percurso.

De modo similar, a revelação de Deus [destinada] a seu povo envolveu uma série de paradas e partidas ao longo do percurso até alcançar seu ponto final na pessoa de Jesus Cristo. Desde o primeiro estágio de fazer Deus conhecer sua vontade a seu povo, foi deixado bem claro que a revelação não seria algo que teria um seguimento normal sem interrupção na experiência do povo de Deus. Ao contrário, a revelação da "regra" [o cânon] para a vida do povo de Deus tinha que ser preservada como um fenômeno distintivo claramente separado de outras experiências que podem ocorrer ao longo de sua vida. A recepção de nova revelação não devia fazer parte de sua experiência diária, momento após momento. Ao contrário, tinha de ser especial, ainda quando a revelação captada de Deus, recebida em conjunturas específicas geralmente seja chamada revelação "especial". Algumas considerações apontam para essa direção.

a. *As declarações "nada acrescentarás"*

Essa história da cessação da revelação tem uma introdução enfatizada pelo uso da frase "nada acrescentarás", quando a coleção de escritos autoritativos e inspirados estava inicialmente em fase de formação. Pressupõe-se geralmente que o "cânon", a coleção de alocuções inspiradas e autoritativas de Deus, só chegou à sua conclusão quando o Novo Testamento fora completado. Desde o princípio, porém, se fez evidente que a revelação passaria por vários estágios até que pudesse ser considerada completa ou finalizada.

Um dos primeiros desses exemplos encontra-se no livro de Deuteronômio, o documento inspirado que confirmou o pacto de Deus consolidado pela mediação de Moisés. Após reiterar os dez mandamentos (Dt 5.6-21), Moisés notifica que nem mesmo Deus "acrescentou" palavra alguma (v. 21). Aliás, ele tinha esculpido as dez palavras, as palavras do pacto, em duas tábuas de pedra (Dt 5.22). Esse tratamento distintivo dos dez mandamentos os põe separadamente como tendo um papel único nos propósitos de Deus. Nunca qualquer palavra lhes seria acrescentada. Em se tratando de uma afirmação sumariada da vontade moral de Deus, os dez mandamentos levaram à sua finalização a revelação de sua vontade. Nem sequer uma palavra seria adicionada, nem mesmo pelo próprio Senhor.

Encontramos uma afirmação similar no que diz respeito a toda a revelação concernente ao pacto mosaico e seu código de leis. Depois de traçar a história do modo de Deus tratar com seu povo desde o Sinai ao comissionamento de Josué nas planícies de Moabe (Dt 1:6–3.29), Moisés admoesta o povo com respeito às leis que ele está para declarar-lhes. Diz ele: "Não acrescentareis à palavra que vos mando, nem diminuireis dela, para que guardeis os mandamentos do Senhor vosso Deus, que eu vos mando" (Dt 4.2).

Justamente naquele momento Moisés estava em processo de entrega dos mandamentos autoritativos de Deus ao povo. Como profeta entre seus irmãos, ele estava trazendo-lhes a palavra autoritativa de Deus. Mas ainda quando o próprio Moisés se referia à longa sequência de profetas que o sucederia (Dt 18.18), ele agora declara que nenhum deles deve acrescentar ou subtrair nada dos mandamentos que agora está a comunicar. No que diz respeito ao pacto mosaico como sumariado no livro de Deuteronômio, o "cânon" está estabelecido. Nem sequer uma palavra lhe seria adicionada.

Portanto, à luz dessa declaração primitiva de Moisés, o primeiro escritor da Escritura Sacra, fica evidente que a revelação não viria numa sequência contínua. Ao contrário disso, ela viria em unidades segundo o progresso da redenção. Ao povo do antigo pacto não era estranha a ideia de um "cânon estabelecido". Compreendiam que as leis autoritativas do povo de Deus vieram por revelação de Deus, e que nenhum homem devia jamais presumir em adicionar algo a essa revelação ou extrair algo dela. A ideia de um corpo completo de revelação era tão antiga quanto Moisés, a primeira das figuras proféticas do antigo pacto.

Esta admoestação de se não adicionar nada à revelação autoritativa de Deus nem subtrair nada dela é reiterada uma terceira vez em Deuteronômio 12.32. De acordo com a numeração da Bíblia Hebraica, este versículo realmente serve para introduzir a declaração do tema relativo aos falsos profetas em Deuteronômio 13, antes que um versículo isolado encerrando Deuteronômio 12. Diz Moisés: "Vede que façais tudo quanto vos ordeno. Nada acrescentareis, nem subtraireis dele" (Dt 12.32, NIV). Havendo declarado a exclusividade das palavras revelatórias que lhes apresenta, Moisés os adverte do perigo de falsos profetas em seu meio (Dt 13.1-18). Tais falsos profetas podem ser capazes de realizar (falsos) prodígios entre o povo, e as palavras que pronunciam podem parecer que se cumprem. Mas se convocarem o povo a seguir outros deuses, não devem ser obedecidos. Pois nada se deve acrescentar ou subtrair das palavras pactuais comunicadas a Moisés.

Uma vez mais se faz evidente que a revelação não viria em sequência contínua. Ao contrário, mais revelação viria enquanto a história da redenção se move para seu alvo consumatório em Jesus Cristo. Não obstante, o povo de Deus aprendeu inicialmente o que significava ser guiado pelas unidades da revelação, mesmo quando avançavam para a revelação final que deveria ser encontrada em Jesus Cristo. Receber nova revelação não devia ser considerado como uma experiência que continuaria perpetuamente dentro do progresso histórico do povo de Deus. Ao contrário, ela veio em jorros no tempo certo que Deus determinara para introduzir mais um estágio da revelação.

Essa compreensão do "não acrescentarás", nas passagens de Deuteronômio, fornece a chave para uma declaração ainda mais antiga, da época em que o Senhor indicou pela primeira vez sua intenção de distribuir o dom profético amplamente entre seu povo. Durante suas peregrinações pelo deserto, Moisés achou que o povo era por demais pesado para ele conduzir sozinho. O Senhor ordenou que ele reunisse a congregação. Então tomou do Espírito que estava sobre Moisés e o pôs sobre setenta anciãos. Os rabinos explicam que tal distribuição do Espírito era como a iluminação de muitas velas provinda de uma só. A experiência que Moisés teve do Espírito de Deus não foi em nada diminuída pela distribuição entre os setenta. Mas o efeito dessa distribuição do Espírito de revelação se fez evidente instantaneamente. Pois quando o Espírito pousou sobre eles, todos os setenta anciãos "profetizaram" (Nm 11.25). Cada ancião se tornou a fonte de uma palavra profética divinamente inspirada. Numa grande torrente do Espírito sobre os homens, o Senhor multiplicou os pronunciamentos revelacionais disponíveis ao seu povo.

A seguir, a declaração conclusiva é imediatamente introduzida: "mas depois nunca mais o fizeram" (Nm 11.25b). Esta frase tem deixado os intérpretes em perplexidade, em parte por causa da forma abrupta de sua introdução. Mas, à luz do uso desta frase idêntica nas passagens de Deuteronômio previamente indicadas, o sentido parece evidente. Os setenta anciãos não continuaram indefinidamente em sua proclamação das palavras revelacionais. O pronunciamento profético que fizeram para Deus era de caráter limitado. Não prosseguiram indefinidamente. O Senhor preencheu a revelação que pretendia comunicar através dos setenta anciãos, e então "nunca mais o fizeram". Desde o início do derramamento do Espírito profético, a questão se fez muitíssimo evidente. Os pronunciamentos revelacionais não avançariam numa linha de sequência contínua. A palavra de Deus seria completada no tocante a cada estágio de sua obra redentiva, e nesse ponto nada mais podia ser adicionado à revelação.

É nesse contexto que a singularidade da última admoestação da Bíblia, "nada acrescentarás", deve ser entendida. Quando é quase encerrada a palavra final da Bíblia com "nada acrescentarás", seria óbvio que o apóstolo João tivesse uma perspectiva única sobre o conceito. Moisés, o primeiro escritor da Escritura inspirada, introduz a ideia de uma revelação completada com o seu reiterado "nada acrescentarás". Agora João, o último escritor da Escritura inspirada, conclui as palavras autoritativas com um sumariante "nada acrescentarás":

> "Eu testifico a todo aquele que ouvir as palavras da profecia deste livro: Se alguém lhes acrescentar alguma coisa, Deus lhe acrescentará as pragas que estão neste livro; e se alguém tirar

qualquer coisa das palavras do livro desta profecia, Deus lhe tirará sua parte da árvore da vida, e da cidade santa, que estão descritas neste livro" (Ap 22.18-19).

Existe uma singularidade neste "nada acrescentarás" encontrado nos últimos versículos do último capítulo deste último livro da Bíblia. Todas as proibições anteriores indicavam um preenchimento da revelação relacionadas com uma fase específica do progresso da redenção. Ao mesmo tempo, elas estavam antecipando um futuro "fim" da revelação que viria quando o alvo da história redentiva fosse atingido. Aquelas antigas e inspiradas unidades da inerrante palavra de Deus tinham os característicos associados com as sombras, os tipos, as formas e as imagens do antigo pacto que demandavam mais revelações no futuro. Ainda que genuínas em toda a sua essência, só podiam oferecer uma prelibação da gloriosa revelação que viria.

Mas agora João, o ancião, adequadamente considerado como o último sobrevivente do grupo apostólico, escreve acerca das glórias do Cristo, não só como ele o vira na terra, mas também como teve o privilégio de vê-lo no céu. Eis agora a visão final do Filho glorificado de Deus "experienciada" pelo homem em seu presente estado. Desta revelação final de Cristo, o alvo de toda a revelação, nada lhe pode ser adicionado e nada lhe pode ser subtraído. Qualquer modificação desse seu esplendor, qualquer subtração dessa sua glória terá que enfrentar eternas consequências. Todas as pavorosas maldições da revelação final de João, acerca do futuro, cairão sobre o presunçoso que ousar ainda que uma mínima tentativa de acrescentar algo à sua glória. Pois os falíveis esforços humanos para suplementar sua honra com suas percepções engendradas por sua mente só podem perverter as perfeições do quadro inspirado e autoritativo do Cristo glorificado.

Este final "nada acrescentarás" obviamente se aplica primeiramente ao livro do Apocalipse escrito sob a inspiração divina pelo próprio apóstolo João. À profecia deste livro nada deve ser acrescentado, e do livro desta profecia nada deve ser subtraído. Mas o livro do Apocalipse mantém uma posição única nas revelações autoritativas de Deus. Ao apresentar Cristo como Ele será visto outra vez somente quando retornar em glória, sua admoestação de que ninguém tenha a presunção de acrescentar exclui toda e qualquer pretensão a revelações adicionais.

Neste respeito, a singularidade desta presente era deve ser plenamente apreciada. Ela não se equipara a qualquer outro período na história redentiva que a tem precedido. Todos os períodos antes da ascensão de Cristo à glória, à mão direita do Pai, eram de caráter preliminar. Pela própria natureza do caso, aquelas revelações prévias de Deus demandavam, esperavam e recebiam uma revelação mais plena que as completavam. Mas agora o fim desse longo processo chegou. Agora o alvo se manifestou em sua mais plena glória, no tocante à presente época. É por essa razão que não se pode argumentar que revelações adicionais na presente era devem somente conformar-se com o padrão das eras anteriores, e não deve detrair em nada da perfeição da revelação como está na Escritura. Essa era é sem paralelo, na qual o próprio Filho de Deus finalmente veio. Quem quer que pretenda adicionar revelação ulterior além da palavra final de Deus, como se encontra nas Escrituras consolidadas, tal revelação deve ser não só supérflua, mas também blasfema. Pois ela só viria diminuir as glórias do glorificado Filho de Deus. Como a revelação não podia ser completa antes de Cristo vir, assim ela não podia ser incompleta depois que ele veio.

É verdade que aguardamos o apokalipsis final, a última revelação do Filho de Deus, a qual porá um fim a esta presente era. Naquele tempo, todo olho o verá em todo o seu esplendor. Mas no que diz respeito à presente era, a plena manifestação da significação de sua pessoa e obra se manifesta através das Palavras, escritas e autoritativas, do Velho e Novo Testamentos. A elas ninguém deve ousar adicionar algo sem pôr em risco sua própria alma.

As admoestações da Escritura, "nada acrescentarás", indicam que a ideia de uma cessação da revelação não é um conceito estranho no processo da operação divina da redenção em favor do povo de Deus. A revelação nunca veio como uma experiência contínua. As cessações anteriores anteciparam a conclusão da revelação que veio com a consumação do processo revelatório segundo foi realizado na encarnação do próprio Filho de Deus.

b. *O "fim" em relação aos "meios" da revelação especial*

As reiteradas cessações da revelação que temos considerado acompanham a natureza da revelação especial como um meio para um fim, e não um fim em si mesmo. Em contraste com a expectação de que todos os membros da igreja de Cristo produzirão o fruto do Espírito como uma parte de sua experiência contínua, ininterrupta, tal expectação não pode ser vinculada à experiência da igreja de Cristo com respeito aos dons que a nova revelação traz. Este princípio é realçado claramente na extensa discussão de Paulo com respeito aos "dons" do Espírito em relação ao seu alvo ou "fim", como se encontra em 1 Coríntios 13.

Qual é o "fim" ou alvo da revelação segundo a Escritura? Objetivamente, o alvo de Deus em comunicar revelações se encontra na pessoa de Jesus Cristo. Ele é o Alfa e o Ômega, o Primeiro e o Último, o Princípio e o Fim, o Sim e o Amém de todas as promessas de Deus como foram reveladas ao longo da história. Em Jesus Cristo, o objeto para o qual toda a revelação aponta se concretiza em sua plenitude. Subjetivamente, o alvo de toda a revelação é identificado por Paulo com o amor. Visto que Deus é amor, visto que toda a vontade de Deus para com os homens está sumariada nos dois mandamentos do amor, o alvo da revelação deve ser encontrado na formação do amor nos recipientes da revelação divina. Paulo elabora exatamente este ponto quando declara: "mas havendo profecias, serão aniquiladas; havendo línguas, cessarão; havendo [a comunicação de nova revelacional] ciência [conhecimento], desaparecerá" (1 Co 13.8b).

Mas o caráter permanente do amor é posto no mais acentuado contraste com a cessação desses dons relacionados com a revelação. Pois, como o apóstolo diz: "O amor jamais acaba" (1 Co 13.8a). Ser plenificado em todos os dons extraordinários que trazem revelação não significa nada sem amor (1 Co 13.1-2). Falar nas línguas dos homens e anjos, possuir o dom de profecia que envolve a compreensão de todos os mistérios divinos, exercer a fé que opera milagres e que remove montanhas – a manifestação de todos esses dons revelacionais não significa absolutamente nada, se uma pessoa não participa da substância de todos eles, que é a experiência do amor.

No entanto, assim como esses dons miraculosos tinham uma função temporária na vida do indivíduo que os experimentava, assim também tinham uma função temporária na vida do povo de Deus como um todo. O fruto do amor deve ocupar a parte central da vida do povo de Deus em todo tempo. Mas os dons miraculosos de profecia e línguas entraram na experiência do povo de Deus espasmodicamente, e finalmente desapareceram. Uma vez alcançado o objetivo de Deus, revelar-se aos homens, na pessoa de Jesus Cristo, então não há mais necessidade para a continuação de novas revelações. Enquanto a experiência subjetiva no desenvolvimento do amor continuar ao longo da presente era, a revelação adicional de Jesus Cristo, o objeto do amor, não mais terá progresso, uma vez que suas glórias se fizeram evidentes.

Por essa razão, o "fruto" do amor deve ser visto como mais excelente do que os "dons" de profecia e línguas. Como Jonathan Edwards expressa muito bem: "Quando o Espírito de Deus é derramado com o propósito de produzir e promover o amor divino, ele é derramado de uma forma mais excelente do que quando se manifestou nos dons miraculosos."(4)

Era algo por demais fácil para os dons espetaculares trazer deslumbramento à igreja, desviar sua contemplação das mais modestas manifestações do amor na vida de uma pessoa. Mas o povo de Deus deve ser instruído por sua Palavra. Paulo diz que uma pessoa nada lucra e em si mesma nada é, se sua concentração está nos dons do Espírito em vez de estar no fruto do Espírito.

A distinção entre os "meios" e o "fim" da revelação pode contribuir muito para curar essa perspectiva desequilibrada na igreja. A concentração deve dirigir-se para o crescimento contínuo no "fruto" do Espírito, acima do interesse posto nos "dons" do Espírito. Visto que o "alvo" da revelação se concretizou na vinda de Cristo, o povo de Deus não deve continuar buscando os dons que comunicariam nova revelação. Ao aceitar esse novo estado de coisas, o povo de Deus não deveria se lastimar com sentimento de perda por causa do fim dos dons especiais de revelação, mais do que os filhos de Israel teriam lamentado quando o maná chegou ao fim, ao entrarem na terra de Canaã. Haviam atingido o seu alvo! Encontravam-se "na terra que mana leite e mel"! Desfrutavam da vantagem de um abundante banquete provindo do produto da terra! Haveriam de começar a gemer só porque de manhã tinham que arar a terra em vez de simplesmente colher o maná? Havia, depois de tudo, reais

(4) O autor reconhece as percepções aproveitadas de Jonathan Edwards, Charity and its Fruits, uma série de mensagens pregadas pela primeira vez à sua congregação em Northampton em 1738. Veja-se a edição publicada pela Banner of Truth, Edinburgh, 1969, pp. 317ss.

vantagens relacionadas com o maná no deserto acima da produção da terra. O maná estava presente em suficiente provisão toda manhã. Mas teria sido apropriado os israelitas lamentarem a cessação do maná por causa do labutar envolvido no cumprimento da ordem de Deus de "dominar a terra" depois da posse da terra da promessa?

A relação da igreja com os dons miraculosos pode ser equiparada à experiência de Israel com o maná. Queixar-se-ia a igreja, porventura, de que os dons de línguas, de profecia e a capacidade de operar sinais prodigiosos cessaram em decorrência da vinda da revelação consumatória na pessoa de Jesus Cristo? Obviamente, não! Seria imaturidade infantil que o povo privilegiado de Deus se queixasse hoje da cessação dos espetaculares meios para o fim, quando o próprio fim chegou.

É importante, pois, que a igreja faça distinção entre os meios e o fim da revelação. Se tal distinção for compreendida, e a superioridade do fim sobre os meios plenamente apreciada, então a igreja não estará constantemente "olhando por sobre os ombros" para os "bons dias do passado". Então a igreja se prontificará a descansar nas riquezas que se encontram na pessoa do próprio Jesus Cristo. É isso o que Paulo enfatiza diante do jovem Timóteo: "Mas o fim desta admoestação é o amor que procede de um coração puro, de uma boa consciência e de uma fé não fingida" (1 Tm 1.5).

c. *Evidência do declínio dos dons revelacionais na era do Novo Testamento.*

O silêncio de quatrocentos anos entre os Testamentos interpõe uma cortina de "espaço negativo" que simplesmente realça o esplendor da explosão da nova revelação que veio com a manifestação de Cristo. Mas dentro disso, a maior era da revelação de Deus, certos sinais e disposições anteciparam o fim de novas revelações. Gradualmente, a atenção se focalizou num "cânon" completo, solidificando as interpretações inspiradas da significação da vinda de Cristo. Dois fenômenos encontrados nas Escrituras do novo pacto apontam nessa direção: o padrão da manifestação dos dons de profecia, línguas e sinais miraculosos em Atos; e o contraste entre os primeiros e os últimos escritos de Paulo e como se relacionam com o tema do fim dos dons revelacionais.

1. *O padrão da manifestação dos dons de profecia, línguas e sinais miraculosos em Atos*

O texto programático do livro de Atos se encontra nas palavras de Jesus a seus discípulos justamente antes de sua ascensão ao céu. Eles seriam suas testemunhas em Jerusalém e em toda a Judeia, em Samaria e até aos confins da terra (At 1.8). Em três círculos concêntricos distintivos, o testemunho acerca de Jesus deve ser levado ao mundo. Primeiramente, à comunidade essencialmente judaica de Jerusalém/Judeia; então, à comunidade samaritana, para o norte; e, finalmente, ao vasto mundo gentílico que se estendia às ilhas distantes e desconhecidas. Tão só e precisamente por seguir tal procedimento, a vontade do Cristo ressurreto se cumpriria. Quando isso fosse feito, ela seria feita. Todas as fases básicas da tarefa se alcançariam quando o testemunho se expandisse por esses vários territórios.

Estudos empolgantes têm analisado toda a estrutura de Atos de acordo com esse padrão de áreas que constantemente se ampliam onde o evangelho é pregado(5). Mesmo as designações geográficas especificamente indicadas na declaração programática de Atos 1.8 parecem ser intencionalmente seguidas através do livro. Começando em Jerusalém (At. 2), prosseguindo para Samaria após o martírio de Estêvão (At. 8), avançando para as fronteiras judaico-gentílicas da Palestina com o batismo de Cornélio na parte

(5) Veja-se H. N. Ridderbos, The Speeches of Peter in the Acts of the Apostles, Tyndale Press, Londres, 1961.

litorânea de Cesareia (At. 10), o livro se encerra com Paulo em Roma depois de haver feito três extensas viagens cruzando as expansões do mundo gentílico. Lucas conclui sua narrativa nesse ponto, visto que o programa de expansão como descrito no primeiro capítulo de seu livro havia alcançado seus limites externos. Para além da fronteira do livro de Atos só existiria mera repetição. Até à consumação, a expansão do evangelho não envolveria a introdução de um novo estágio na história redentiva, mas somente mais uma extensão dentro das esferas já alcançadas pelo testemunho.

Surpreendentemente, a informação de Lucas acerca da manifestação dos dons relacionada com a nova revelação segue este mesmo padrão de avanço. Primeiramente, em Jerusalém se manifesta o dom de línguas (At. 2.4). Todos ouvem o testemunho concernente aos poderosos atos de Deus em sua própria "língua" ou "idioma" (At 2.6). A seguir, em Samaria, grandes sinais são operados por meio de Filipe, e o povo recebe o Espírito Santo quando Pedro e João impõem suas mãos sobre eles (At 8.13,17). Não fica explícito se as pessoas em Samaria manifestaram o dom de línguas. Mas o contexto em Atos solidamente apoia tal conclusão. Pois Simão "vê" que o Espírito Santo fora dado, o que pressupõe fenômeno físico que se deve comparar com a experiência do Pentecostes (At 8.18). A seguir, Pedro é convocado a ir a Cesareia, a trinta milhas na costa litorânea de Jope, onde o Espírito Santo desce sobre todos os gentios que o ouvem pregar. Pedro não vê como o batismo poderia ser negado, visto que já haviam demonstrado que o Espírito veio sobre eles, também "falando línguas" (At 10.44-48). Os apóstolos estão ainda na Palestina, porém agora são os gentios que receberam o Espírito Santo, manifestando dons relacionados com a nova revelação. Finalmente, "até aos confins da terra" é representado pelo batismo do Espírito sobre os crentes efésios (At 19.4-7). Paulo lhes declara o nome de

Jesus, e, enquanto estão sendo batizados, o Espírito Santo desce e eles falam em línguas e profetizam.

Consequentemente, a manifestação dos dons de profecia e línguas, em Atos, coincide exatamente com os estágios e fases do avanço do evangelho como apresentados no versículo programático no capítulo que abre o livro. A obra do Espírito se manifestou em Jerusalém/Judeia, em Samaria e nas partes extremas da terra. Quando o livro de Atos se encerra, todos os estágios principais envolvidos no avanço do evangelho chegam à sua realização. Obviamente, muito mais se fará antes que o evangelho tenha sido proclamado plenamente a todas as nações. Mas a história ulterior da expansão do evangelho cristão pode ser considerada como uma extensão do último estágio da proclamação ao mundo como descrita no livro de Atos.

A exibição exteriorizada dos dons do Espírito indicava a sanção do Senhor em cada um desses novos estágios de avanço. Esses dons revelacionais não foram experimentados pela igreja em todos os seus aspectos. Ao contrário, a estrutura programática de Atos explica o padrão da manifestação desses dons extraordinários: primeiramente em Jerusalém/Judeia; a seguir em Samaria; e, finalmente, nas regiões mais longínquas da terra.

Essa estrutura programática não só define o padrão da demonstração dos dons de línguas e de profecia em Atos. Também fornece uma base lógica para o fim da experiência dos dons revelacionais. Quando o evangelho passa da Judeia para Samaria, os dons confirmativos se manifestam. Então, novamente, quando o evangelho cruza as barreiras maciças e penetra o vasto mundo gentílico, a manifestação desses dons extraordinários confirma a bênção de Deus. Visto que não é deixado nenhum outro estágio distintivo nos processos da história redentiva, nenhuma outra manifestação externa dos dons extraordinários do Espírito seria esperada.

O padrão da manifestação dos dons relativo à nova revelação, portanto, provê uma base racional para a cessação desses dons particulares do Espírito. Uma vez que o processo de avanço tenha chegado ao seu estágio final, não existe necessidade alguma para uma continuação dos dons confirmatórios.

2. *O contraste entre os primeiros e os últimos escritos de Paulo*

Mais evidência relativa ao declínio dos dons revelacionais especiais na era do Novo Testamento pode ser vista no contraste entre os primeiros e os últimos escritos de Paulo. O interesse de Paulo nos dons revelacionais que proveram a fundação da igreja do novo pacto é plenamente evidente. Esse interesse pessoal por parte de Paulo sublinha a significação desse testemunho nessa área.

A carta inicial de Paulo aos Tessalonicenses muito provavelmente é o primeiro escrito inspirado da era do Novo Testamento. Por isso não seria de forma alguma uma surpresa encontrar o apóstolo admoestando a igreja: "Não desprezeis as profecias" (1 Ts 5.20). Quatrocentos anos de silêncio revelacional precederam a aurora dos dias do novo pacto. Agora, porém, repentinamente, pronunciamentos proféticos são tanto correntes quanto variados. Poder-se-ia esperar que essas novas palavras proféticas da parte do Senhor encontrassem alguma resistência. Paulo, portanto, emprega sua autoridade apostólica para instruir a igreja de que ela não deveria desprezar essa nova manifestação do dom de revelação de profecia. Ao contrário, ela deve ser vista como uma manifestação adequada da operação do Espírito acompanhando esse novo estágio na história da redenção.

O apóstolo também reconhece a validade dos dons revelacionais de profecia e línguas em seus primeiros escritos às igrejas de Roma e de Corinto. Se uma pessoa recebesse o dom de profecia, então ela devia exercer esse dom (Rm 12.5). Um e o mesmo Espírito é a fonte dos dons de cura, da realização de milagres, de profecia e de falar em línguas (1 Co 12.9-10).

Como é geralmente reconhecido, é em sua primeira carta à igreja de Corinto que Paulo oferece sua discussão mais completa dos dons de línguas e profecia (1 Co 12–14). Nesses capítulos, fica evidente que esses dons extraordinários estão sendo exercidos amplamente em Corinto, tanto que seu uso teve que ser cuidadosamente regulamentado (1 Co 14.29-33). Para estabelecer seu direito de falar sobre o tema, Paulo declara que ele mesmo falava em línguas mais do que qualquer um deles (1 Co 14.18).

O interesse do apóstolo no papel desses dons particulares assume uma importante reviravolta nas cartas escritas durante os dias centrais de sua carreira apostólica. Em Efésios, ele fala dos "apóstolos e profetas" como fundamento sobre o qual a igreja se acha construída (Ef 2.20). Ele faz referência à revelação concernente à natureza da igreja que se fez conhecida aos "santos apóstolos e profetas de Deus" (Ef 3.5). Fala daqueles que Cristo designou para serem apóstolos e profetas, juntamente com os evangelistas, pastores e mestres (Ef 4.11). Enquanto esses ofícios particulares são vistos ainda em funcionamento na igreja, estão sendo apresentados como que fornecendo um fundamento da revelação sobre o qual a igreja como um todo pode ser edificada.

No entanto, o nível de interesse nos dons de línguas e profecia sofre um dramático declínio nos últimos escritos de Paulo. Em sua primeira carta a Timóteo, o dom de profecia nem é mencionado, exceto em referência à profecia que fora pronunciada inicialmente no tempo da ordenação de Timóteo (1 Tm 1.18; 4.14). Os dons de línguas e profecia não são em parte alguma mencionados em Tito e 2 Timóteo, exceto para a menção das revelações proféticas constituindo as Escrituras do antigo pacto (2 Tm 3.16).

O que aconteceu? Deve-se concluir que esses dons relativos à nova revelação ainda estavam funcionando amplamente nesse período tardio da era apostólica, visto que não existe mandamento proibitivo impedindo que os mesmos funcionassem? Precisamente o oposto é que parece ser o caso, particularmente à luz das extensas orientações de Paulo relativas a um fenômeno que pudesse apropriadamente substituir a infindável continuação desses dons revelacionais. Em suas últimas cartas a Timóteo e a Tito, Paulo emprega uma série de frases sublinhando a importância de se manter a sã doutrina que lhes fora comunicada. Tito é informado de que um presbítero na igreja de Cristo deve "reter firme a palavra fiel, que é conforme a doutrina, para que seja poderoso, tanto para exortar na sã doutrina como para convencer os que contradizem" (Tt 1.9). Os desviados devem ser repreendidos energicamente, "para que sejam sãos na fé" (Tt 1.13). Tito mesmo é encarregado de ensinar "o que convém à sã doutrina" (Tt 2.1). De uma maneira mais enérgica, o jovem Timóteo é incumbido a "conservar o modelo das sãs palavras que de mim tens ouvido na fé e no amor que há em Cristo Jesus" (2 Tm 1.13). Ele deve "guardar o bom depósito" que lhe havia sido confiado (2 Tm 1.14), referindo-se às doutrinas que lhe haviam sido ensinadas. Pressentindo um desenvolvimento que se estenderia por quatro gerações, Paulo (a primeira geração) admoesta a Timóteo (a segunda geração) a depositar confiança em homens confiáveis (a terceira geração) que pudessem ensinar também a outros (a quarta geração) os ensinamentos que ele havia recebido do apóstolo (2 Tm 2.2). Timóteo deve revelar-se um bom obreiro, "manejando bem a palavra da verdade" (2 Tm 2.15). Ele deve ter cuidado com homens que, no tocante à fé, são réprobos (2 Tm 3.8). Ao refletir sobre a proximidade de seu fim, Paulo enfatiza que ele guardara a fé (2 Tm 4.7).

Essas muitas referências a um corpo estabelecido de doutrina, em 2 Timóteo e Tito, apontam para uma circunstância diferente daquela que fora expressa nos primeiros escritos de Paulo. A completa ausência de referência aos dons de profecia e línguas nessas últimas cartas se contrasta radicalmente com a circunstância prevalecente na correspondência inicial para com as igrejas de Tessalônica, Corinto e Roma. Agora o apóstolo está preocupado em fazer provisão para a necessidade contínua da verdade na igreja no futuro. Juntamente com os demais apóstolos, ele logo partiria. Ele localiza a provisão divina para o futuro, não num avanço da experiência dos dons especiais de línguas e profecia, mas na revelação estabelecida que fora providenciada durante os anos da era apostólica. Existe "o depósito" da verdade, existe a "sã doutrina", existe a "tradição", existe a "fé", existe a "mensagem fidedigna". Isto não equivale a dizer que não havia qualquer consciência anterior de um "depósito" de fé, um corpo de doutrinas para ser crido, pois podemos encontrar referências a esse tipo de fenômeno nos primeiros escritos de Paulo (cf. 2 Ts 2.15; 3.6). Mas o termo, a suficiência de uma tradição do ensino que havia sido recebido, só veio no final da era apostólica.

Toda essa evidência aponta para a formação de um corpo de verdade reconhecido como oriundo da revelação de Deus. Esse material revelacional proveria a interpretação necessária para a igreja entender adequadamente os eventos da redenção associados com a vinda de Cristo a este mundo. Antes que quaisquer Escrituras inspiradas do novo pacto fossem fornecidas à igreja, os dons revelacionais de profecia e línguas estavam extensivamente em vigor. Em parte, como uma expressão da plenitude das bênçãos do Espírito de Deus como fora derramado na era do novo pacto; e em parte, como uma experiência destinada a satisfazer a necessidade da igreja para a compreensão revelacional do novo dia que ora se iniciava até que as Escrituras do novo pacto fossem formadas, esses dons de revelação a princípio estavam em abundante manifestação na igreja.

Mas a ênfase de Paulo no fim de sua vida, sobre a importância de se manter firme a doutrina, a tradição, a fé que fora revelada, fornece um quadro totalmente diferente. Um processo havia sido completado; uma era chegara ao fim. A igreja não esperaria que novas revelações continuassem para sempre a interpretar a significação da vinda de Cristo ao mundo. Aliás, o corpo de doutrina recebido através de revelação se tornaria o guia para a vida da igreja do novo pacto.

E assim o Novo Testamento fornece significativa evidência do declínio dos dons revelacionais. A história da redenção revela um processo de revelação que finalmente fornece um corpo completo de doutrina que servirá para instruir a igreja até o fim da presente era. Esse corpo de doutrina, naturalmente, encontra seu termo na conjunção com a obra e o ensino dos apóstolos e seus companheiros imediatos, aqueles que foram testemunhas oculares de Cristo em sua glória, e foram os recipientes de sua comissão especial para prover o fundamento para sua igreja ao longo das eras subsequentes.

3. Objeções ao Conceito da Cessação da Revelação

"A palavra final" de Deus a seu povo encontra-se em Jesus Cristo e nas explanações inspiradas de sua pessoa e obra como preservadas nas Escrituras do antigo e do novo pacto. Enquanto a maioria dos cristãos professos se sente muito à vontade, confessando a singularidade da pessoa de Jesus Cristo, muitos encontram dificuldade para aceitar o conceito de que não se deve esperar qualquer outra revelação como orientação para sua vida além daquela que se encontra na Escritura. As objeções à ideia da cessação da revelação emanam de uma série de considerações.

a. *Objeções bíblicas*

A primeira objeção à ideia de um fim da função dos dons revelacionais, hoje, surge da percepção de que essa asseveração contradiz diretamente às exigências bíblicas específicas. O apóstolo Paulo declara: "Não desprezeis as profecias" (1 Ts 5.20). Ainda mais intencionalmente, ele declara: "Não proibais o falar em línguas" (1 Co 14.39). Quem presumiria se colocar em posição contrária as ordenações inspiradas de Deus e afirmar às pessoas que não podem nem profetizar nem falar em línguas?

Com toda certeza, nenhuma pessoa que afirma a autoridade da Bíblia teria a audácia de opor-se a qualquer ordenação bíblica. Certamente que não faria sentido resistir a mandamentos especificamente bíblicos, quando a intenção é afirmar que as Escrituras contêm em si mesmas a plenitude e a finalidade da revelação divina. Mas a questão não é se a profecia e as línguas seriam proibidas pelos homens. Ao contrário, a questão é se a profecia e as línguas foram levadas à sua plenitude e ao seu objetivo final pelo plano e propósito de Deus.

É um fato que não se pode negar que algumas ordenações divinas se limitaram ao povo de Deus para uma era particular, e que subsequentemente foram revisadas, modificadas ou mesmo canceladas. Obviamente, muitos mandamentos dados no Velho Testamento não mais obrigam o povo de Deus de hoje. A despeito da clara proibição bíblica, é plenamente correto cozer um cabritinho no leite de sua mãe. Uma pessoa que vive na época do novo pacto não é contaminada por comer carne de porco ou ostras. Esses preceitos, ainda que claramente divinos em sua origem, não mais determinam o estilo de vida do povo de Deus.

O mesmo princípio é válido para alguns mandamentos na era do novo pacto. Fases e estágios no desenvolvimento do novo pacto podem não ser tão dramaticamente diferentes uns dos outros como no caso dos períodos do antigo pacto. Todavia, é evidente que as diferenças existem. Em certo momento, Jesus enviou seus discípulos e lhes disse que não levassem consigo nenhuma provisão (Lc 10.4). Mais tarde lhes comunicou virtualmente instruções contrárias (cf. Lc 22.36). Num estágio, ele explicitamente os proíbe de irem aos gentios; devem limitar-se "às ovelhas perdidas da casa de Israel" (Mt 10.6). Mais tarde, porém, ele lhes ordena que fossem por todo o mundo e fizessem discípulos de todas as nações (Mt 28.19). Em decorrência da decisão no concílio de Jerusalém, foi comunicada a palavra proibindo a todas as igrejas que deixassem que seus membros comessem animais que uma vez haviam sido estrangulados e contaminados pelos ídolos (At 15.20). Mais tarde, porém, Paulo declara que Deus criou todos os alimentos puros, e que oferecer uma peça de carne a um ídolo não tem efeito algum sobre sua função nutritiva, a não ser que o irmão mais fraco seja conduzido a pecar (1 Co 8.4,9).

Mais estreitamente relacionado com o presente tema está a cessação do ofício de apóstolo na igreja. Não há nada na Escritura que explicitamente indique que o apostolado teria chegado ao fim. Todavia, geralmente se reconhece que ninguém na igreja hoje pode agir com a autoridade dos apóstolos originais, visto que ninguém, hoje, é testemunha ocular da ressurreição de nosso Senhor (At 1.21-22).

Se reconhecermos que o ofício apostólico encerrou-se, então deve-se reconhecer a possibilidade de que o ofício fundamental de profeta também haja cessado de funcionar na igreja atual. Além do mais, este ofício é mencionado como segundo em prioridade em relação à posição do apóstolo (1 Co 12.28). O ofício de profeta, ao longo dos tempos, serviu como o principal veículo através do qual as matérias revelacionais foram comunicadas ao povo de Deus. Desde a instituição do ofício profético, nos dias de Moisés, Deus falava regularmente aos pais pelos lábios dos profetas (Hb 1.1). Se os ofícios de apóstolo e profeta porventura chegaram ao seu término na igreja de hoje, seria natural concluir que os pronunciamentos revelacionais dos profetas e apóstolos também hajam cessado. Nenhum pronunciamento corrente insinuando autoridade apostólica imprime direção à igreja. Da mesma maneira, seria natural esperar que, com o fim do ofício profético, as palavras revelacionais entregues pelos profetas também chegassem ao fim.

Com respeito às línguas, obviamente seria errôneo proibir uma pessoa de falar em línguas, caso o fenômeno moderno realmente corresponda às mesmas línguas do Novo Testamento. Não importando o choque que pudesse causar numa igreja de perspectiva tradicional, seria injustificável a exclusão desse dom do serviço público de adoração, caso as línguas de hoje fossem as mesmas línguas do Novo Testamento. A clara intenção da admoestação de Paulo visa a anular todo e qualquer esforço de excluir o exercício de um legítimo dom do Espírito do meio do povo de Deus.

Em contrapartida, porém, se as línguas de hoje não são as mesmas línguas do Novo Testamento, então é evidente que uma pessoa não estaria violando uma ordem de Paulo, caso se recusasse a permitir alguém de falar no culto de um modo que estivesse falando algo que não corresponda às "línguas" do Novo Testamento. Os elementos próprios para se cultuar a Deus devem estar limitados por aqueles exercícios recomendados em sua Palavra, já que os homens não têm nenhum direito de inventar seu próprio modo de aproximar-se do Todo-poderoso. Se as línguas de hoje não correspondem às línguas recomendadas por Paulo, então seria plenamente justo excluí-las do serviço de culto.

Essas ordenanças bíblicas de não se desprezar a profecia e tampouco excluir as línguas só se aplicam às circunstâncias do culto de hoje, caso as "línguas" e a "profecia" modernas sejam idênticas aos dons do Espírito como funcionaram nos dias dos apóstolos. Se o fenômeno corrente não corresponde aos dons do Novo Testamento, então seria plenamente procedente proibir seu exercício no culto do povo de Deus.

b. *Objeções teológicas*

Podem-se suscitar diversas objeções de natureza teológica contra a afirmação de que a revelação e os dons relativos à nova revelação cessaram. Tais objeções podem ser colocadas nestas três categorias:

i. Objeta-se que uma asseveração geral de que a revelação, hoje, cessou tem o efeito de limitar a Deus. É justo restringir a Deus, dizendo que Ele não pode comunicar-se com alguém por meio de revelação direta, caso Ele assim o queira? Não seria porventura uma atitude de presunção, sob quaisquer circunstâncias, limitar a Deus? Naturalmente que sim. Seria uma completa presunção por parte de alguém pressupor que poderia limitar a Deus. Ninguém tem o poder nem a autoridade de restringir a Deus em qualquer aspecto. No entanto, um antigo instrumento para instruir crianças pode oferecer um importante discernimento nesta matéria. O catecismo para as crianças em seu primeiro período de instrução pergunta: "Deus pode fazer qualquer coisa?" A resposta contém certa profundidade que nem mesmo o mais sofisticado adulto deixaria de apreciar: "Sim, Deus pode fazer tudo segundo sua santa vontade."(6) Se Deus decidiu revelar-se de acordo com certo padrão, não significa limitar a Deus afirmar o que o próprio Senhor determina a esse respeito. Se Ele determina que o melhor para manter seu povo unido é requerendo dele que busque fazer

(6) Catechism for Young Children, Great Commission Publications, Philadelphia, Question 13.

a vontade divina a partir de uma única fonte objetivamente conhecida, para o bem de todos, não seria para que o homem se proponha a fazer a vontade divina, conhecida através de milhares de diferentes fontes individuais, separadas umas das outras pelo tempo e espaço?

Não significa limitar a Deus afirmar que a operação de milagres, como retratada no Novo Testamento, não mais ocorre hoje, se Deus mesmo determinou que esses sinais, atestando Cristo e seus apóstolos, têm servido seu propósito ao confirmar, uma vez por todas, a verdade fundamental necessária para o avanço da vida da igreja de Cristo. Suas poderosas obras realizadas entre os homens hoje são óbvias em todos os aspectos. Mas sua operação contínua no mundo de hoje não implica necessariamente que Ele pretenda dar prosseguimento às atividades miraculosas relativas a novas revelações. Ninguém pode limitar a Deus. Seria tanto blasfemo quanto presunçoso tentar restringir o Onipotente. A fé nele, porém, não hesitará em afirmar que Ele agirá consistentemente em consonância com suas próprias intenções declaradas.

ii. Objeta-se que os pagãos de hoje carecem do poder confirmador de sinais, maravilhas, profecia e línguas, justamente como o fizeram os pagãos do primeiro século. Por que seria negado aos homens de hoje ver as experiências revelacionais que poderiam ser instrumento para trazê-los à fé salvífica? Uma vez mais, porém, o padrão estabelecido na própria Palavra do Senhor deve ter precedência sobre as suposições hipotéticas engendradas pelas imaginações humanas. Seria de acordo com a Escritura afirmar que os dons extraordinários de profecia, línguas e milagres tiveram sua principal manifestação entre os pagãos que jamais ouviram? Ou não seria mais conclusivo, à luz dos fatos como registrados na Escritura, que os sinais miraculosos ocorreram, antes, entre aqueles que já haviam sido identificados como povo de Deus?

Sim, os pagãos ficaram amedrontados quando Paulo lançou ao fogo a peçonhenta serpente sem que a mesma lhe fizesse qualquer mal com sua mordedura (At 28.3-6). Sim, a igreja de Corinto pode ser caracterizada como uma igreja predominantemente gentílica, na qual as línguas serviram de sinal para os incrédulos que acorriam às reuniões (1 Co 14.22). Mas era nas assembleias do povo de Deus que esses dons se manifestavam, não entre os pagãos que nada haviam ouvido. A esmagadora evidência aponta para o fato de que os dons de natureza revelacional funcionaram mais extensivamente entre as igrejas estabelecidas, confirmando a vontade de Deus entre seu povo, e não maravilhas operadas ante os olhos do mundo.

iii. É a proclamação da verdade que torna os pecadores livres. Uma geração má e perversa busca basear sua fé no miraculoso, em vez de baseá-la na verdade de Deus claramente expressa (Lc 11.29). O Espírito Santo não necessita de milagres para convencer o coração dos homens quanto à veracidade da palavra de Deus, e nem devemos imaginar que Ele o faça.(7) Uma fé vigorosa no poder da verdade do evangelho valerá muito mais para a salvação dos pecadores do que confiança nas obras miraculosamente deslumbrantes. O padrão estabelecido e o ensino explícito da Escritura consistem em que a clara proclamação da verdade é o método mais eficaz para a difusão do evangelho do que a operação de maravilhas.

---

(7) Foi a preocupação de William Carey sobre esse fato que provocou a fundação do movimento missionário como se originou no mundo de língua inglesa. Veja-se Enquiry de Carey (Leicester, 1792), reimpresso em Timothy George, Faithful Witness: The Life and Mission of William Carey, IVP, Leicester, 1992.

c. *Objeções práticas*

Mais uma categoria de objeções no tocante ao fim da revelação precisa ser observada. Objeta-se que na esfera prática não é sábio negar a continuação da revelação. Muitas pessoas fortemente creem que Deus tem se comunicado com elas. Um grande número de dedicados servos de Cristo regularmente relatam visões que os têm levado a entregar sua vida a Cristo. Prático seria, então, concluir que tais pessoas têm sofrido de alguma ilusão? Não seria porventura danoso para o corpo de Cristo negar que Deus se tem revelado nessas experiências extraordinárias?

Com o devido respeito, pode ser plenamente prático levar as pessoas a "provar os espíritos" para ver se são ou não de Deus. O que uma pessoa chama "visão" realmente pode ter sido uma comovente aplicação da verdade da Escritura, feita pelo Espírito Santo, à vida de tal pessoa. Alguém pode estar funcionando exatamente no lugar correto, no serviço do reino de Cristo, ainda que tenha chegado ali por uma vereda muitíssimo duvidosa. Um dos presbíteros mais dedicados e bem casados, servindo na igreja de Cristo, testifica que determinou casar com a sua esposa por deixar sua Bíblia cair aberta e por seu dedo num versículo! Como se tem dito tão verazmente, Deus é perfeitamente capaz de "dar golpes certeiros com uma vara curva".

É algo muito prático levar pessoas a reconhecerem a finalidade da revelação na Escritura. A maioria dos jovens crentes poderia ser poupada de sério desgosto se aprendesse a confiar mais nos ensinos objetivos da Palavra de Deus do que em seu senso de ter recebido uma "revelação" da parte do Senhor. A responsabilidade de tomar decisões nunca será aprendida pelo povo de Deus enquanto estiver pensando que deve esperar que Deus "revele" algo de sua vontade antes de entrar em ação.

Capítulo 4

Corrente Defesa da Continuidade da Revelação

Ao longo da História da Igreja, algumas pessoas têm procurado na continuidade da revelação especial de Deus diretrizes para sua vida. Os romanistas têm confiado nos concílios da Igreja e no Papa, enquanto que os místicos têm confiado na voz interior. O movimento de vida mais profunda tem confiado nos "sentimentos" comunicados pelo Espírito, e outros têm confiado numa "palavra do Senhor" através de profecias contemporâneas.

Os homens parecem ter grande dificuldade em viver contentes com uma Palavra do Senhor objetivamente registrada que os prenda a princípios religiosos básicos, enquanto simultaneamente os desembarace para tomar decisões responsáveis. Certa pessoa deseja desvencilhar-se da responsabilidade pessoal de determinar a venda de sua casa e prover nova locação à sua família; então ela "distende a lã" como um meio de obter uma "palavra do Senhor" contemporânea que o livre do risco envolvido em tomar por si mesma uma decisão madura. Alguém pode intentar divorciar-se de seu cônjuge baseando-se em algo que não se encontra escrito na Palavra de Deus, e assim ele busca alguma "mensagem" extrabíblica que lhe dê a liberdade de fazer o que pretende.

Outras motivações mais nobres podem levar uma pessoa a buscar da parte do Senhor uma palavra recente – não alguma que contradiga a Escritura, mas que fale mais diretamente ao momento atual. Perda pessoal pode levar uma pessoa a clamar por algo que fale mais especificamente à sua situação do que as palavras de um salmo ou um capítulo do livro do Apocalipse. A incerteza de fazer um compromisso matrimonial ou de ir a um campo missionário pode requerer uma confirmação que venha mais diretamente do que um versículo tomado das epístolas de Paulo, tão valiosas quanto sejam as formulações bíblicas.

Os reformadores, que pagaram com sua vida pela liberdade do domínio que as tradições da Igreja exerciam, eram especialmente zelosos em salvaguardar as futuras gerações das opressões criadas pelas supostas palavras do Senhor. "Somente a Escritura" era seu brado sem titubeio. Unicamente a Palavra de Deus, escrita, um padrão objetivo que todos os homens podem ver e ler comunica a infalível verdade ao povo de Deus, já que Deus, agora, cessou de usar seus antigos métodos de revelar sua vontade à igreja (Hb 1.1). Mas prossegue-se a busca por um novo modo de Deus continuar revelando sua vontade de outras formas, além daquela apresentada na Sagrada Escritura. Cada nova geração oferece uma desfiguração ligeiramente diferente no tocante ao tema em pauta.

A corrente tendência nesta direção tem sido bem formulada numa obra escrita por Wayne Grudem, intitulada: The Gift of Prophecy in the New Testament and Today(8) [O Dom de Profecia no Novo Testamento e Hoje]. Esta obra vem acompanhada das mais elevadas recomendações provenientes de respeitados eruditos evangélicos contemporâneos. Ela se propõe a combinar a vitalidade e a compreensão do pentecostalismo moderno com a estabilidade doutrinal inerente às igrejas procedentes da Reforma. Propõe-se um novo conceito de "profecia" que visa a prover um

(8) Wayne Grudem, The Gift of Prophecy in the New Testament and Today, Kingsway Publications, Eastbourne, 1988.

vital acesso ao método de Deus comunicar sua vontade à igreja de hoje. Este novo conceito de profecia tem encontrado grande aceitação em extensas áreas da igreja evangélica. Sua promessa de revitalizar os tradicionais serviços próprios ao culto dos dias primitivos tem sido festivamente recebida por crescente clientela.

Todavia, grandes problemas surgem dessa abordagem da profecia. As asseverações desse ponto de vista oferecem um sério desafio ao encerramento da revelação como se encontra em Cristo e nas Escrituras. Devem-se notar vários pontos neste enfoque.

1. Este Conceito Assevera Que a Revelação Continua Hoje

Tal conceito, ousada e inequivocamente, contradiz a asseveração de que a revelação já cessou. O ponto é frequentemente reiterado. Afirma-se que "uma revelação do Espírito Santo" é "essencial à profecia" (p. 135). Declara-se que "Paulo pressupõe que todo aquele que profetiza recebeu uma 'revelação' " (p. 137). Visto que o profeta Ágabo descreveu eventos futuros, suas predições estariam "baseadas em algo que lhe teria sido revelado" (ibid). O ponto é sumariado em termos que não deixam dúvida: "Para que uma profecia se cumpra, necessário se faz uma 'revelação' do Espírito Santo. Se tal revelação não se faz presente, então não há profecia alguma" (p. 139).

Esta inequívoca afirmação de que a revelação continua em associação com a profecia é qualificada por uma série de condições. Ela até mesmo pode parecer contraditada pela ênfase imposta ao ponto nas páginas iniciais do livro, de que a "profecia" que é enunciada hoje não deve ser tida como equivalente em autoridade à Escritura (pp. 14s.). Para resolver a tensão entre fé na revelação contínua e o encerramento da Escritura, o Dr. Grudem argumenta que a "recepção" de uma revelação por parte de um profeta é apenas o primeiro ingrediente da experiência profética em curso hoje em dia. De acordo com essa nova perspectiva de profecia, o próximo passo no processo deve ser a enunciação da revelação por parte do profeta às partes interessadas (p. 139). Grudem acredita que enquanto uma revelação pode ser ministrada "para o benefício privativo do indivíduo receptor", ela só entra na categoria de "profecia" quando é ministrada a outrem (ibid). Ele prossegue em seu argumento: É nesse ponto da ministração da mensagem profética que o erro humano invariavelmente entra no cenário, visto que a plena autoridade da revelação concedida pelo Senhor é diluída quando transmitida a outrem pelo profeta. Como veremos, Grudem busca provar que esse tipo de falível "profecia congregacional ordinária", a qual ele alega estar hoje em vigor, já existia na era do Novo Testamento. Seu exercício depende da revelação de Deus, todavia a genuína Palavra do Senhor é corrompida pelos fatores do erro humano.

Em suas principais características, esta posição sobre a revelação contínua através da profecia cria sérios problemas para o cristão de hoje. A profecia, como apresentada na Escritura, refere-se não meramente a uma revelação recebida por um indivíduo. Mais importante ainda, o que caracteriza a obra do profeta é a expressão da própria Palavra de Deus ao povo. Palavras proféticas eram por si só a revelação de Deus ao povo. Mas esta nova posição propõe que a enunciação da mensagem profética se torna imperfeita pelo instrumento humano, ainda quando uma genuína revelação venha originalmente ao profeta.

Ao mesmo tempo, esta posição contradiz inequivocamente o ponto de vista que mantém que a revelação cessou no fim da era apostólica, quando os escritos autoritativos do Novo Testamento foram completados. Os reformadores não declararam simplesmente que nenhum novo escrito deveria ser acrescido à Bíblia. Na verdade afirmaram que todas as primitivas formas pelas quais Deus fez notória sua vontade a seu povo agora cessou. Seja por sonho, visão, teofania ou profecia, todas as antigas formas de Deus declarar sua vontade à sua igreja chegaram ao seu término, quando a significação da vinda de Cristo foi plenamente explicada pelas Escrituras do Novo Testamento.

Esta nova tese traz sérias consequências para a vida da igreja. Ela cria um ambiente extremamente instável para o povo de Deus com respeito à identificação de "a palavra do Senhor". Nada poderia ser mais crucial para o povo de Deus do que uma clara compreensão daquilo que Deus tem dito no tocante à sua vontade para a vida do seu povo. Todavia, este conceito cria séria ambiguidade no próprio ponto onde a clareza é imperativa.

A profecia é enaltecida por Grudem como sendo superior a todos os demais dons do Espírito (p. 153). Esta superioridade, diz ele, é oriunda do fato que a divina revelação ao profeta desvenda as necessidades específicas do momento, as quais só podem ser conhecidas de Deus (ibid). Um pregador pode depender somente de suas próprias observações pessoais para determinar as necessidades específicas de um indivíduo ou de um grupo. Visto, porém, que a profecia está baseada na revelação divina acerca da vigente situação da igreja, que é comunicada diretamente por Deus, o profeta pode falar propositadamente às necessidades específicas do momento, no tempo preciso, quando a congregação está reunida (p. 152). Em muitos casos, "as coisas reveladas" ao profeta podem incluir "os segredos do coração do povo", "suas preocupações ou temores", ou "sua recusa ou hesitação em fazer a vontade de Deus" (ibid).

A significação do discurso de um profeta, com base neste tipo de conhecimento revelacional que supostamente vem imediatamente de Deus, pode ser melhor compreendida se ela é vista de uma perspectiva pessoal. Então, no meio do culto, uma respeitada e piedosa pessoa se dirige a você como um indivíduo e declara sua "recusa... em fazer a vontade de Deus", e exige que você faça o que ela lhe ordena. Qual seria o efeito desse tipo de experiência? A palavra de Deus para sua vida pessoal lhe veio de uma pessoa que recebeu uma revelação a seu respeito diretamente da parte de Deus. Não seria verdade que não lhe daria sossego enquanto você não faça exatamente segundo aquela palavra?

Mas, espere! Há uma sombra, um elemento de ambiguidade que persiste. De acordo com esta perspectiva na profecia, as instruções que emanam de um pronunciamento profético "não devem ser consideradas obrigações divinas" (p. 167). Aliás, elas devem ser vistas como "informação do próprio profeta, bastante acurada (mas não infalível), acerca de algo que ele crê (ainda que não com absoluta certeza) que lhe foi revelado por Deus" (ibid). Portanto, se você decide desobedecer a admoestação do profeta, pode não estar desobedecendo a Deus, pois você só ouviu a representação falível do profeta do Senhor.

Entretanto, o que acontece se o profeta que recebeu tal revelação obteve a mensagem essencialmente correta quando ele lha dirigiu? Estaria desobedecendo a Deus, pois você não fez o que o profeta lhe disse que fizesse. Como é possível afirmar positivamente que uma pessoa não está desobedecendo a Deus, se ela deixa de fazer o que está expresso no pronunciamento profético? Acaso uma revelação da parte de Deus seria realmente de tão pouca consequência, ainda que comunicada de uma forma falível? Por que Deus se incomodaria em revelar algo a um profeta, caso Ele não espere que o receptor da mensagem profética faça o que Ele disse?

Enquanto que a profecia, segundo este conceito, evidentemente é "superior aos demais dons" (p. 153), e especificamente melhor que o ensino ou a pregação, visto que está baseada numa revelação divina concernente à situação imediata na igreja (p. 152), todavia o ensino baseado na

Palavra escrita de Deus tem "maior autoridade do que as profecias ocasionais, as quais o mensageiro pensava serem procedentes de Deus" (p. 145).

Você pode imaginar a instabilidade que se criaria na vida do povo de Deus mediante este dúbio enfoque da profecia do Novo Testamento? Em contrapartida, a profecia diz-se estar baseada numa revelação que emana diretamente de Deus, revelando a verdade sobre pessoas ou situações que de outra forma não poderiam ser conhecidas. Por outro lado, porém, essas revelações são transmitidas pelo profeta de uma maneira tão deturpada que o destinatário pode decidir ignorá-las totalmente, caso o queira. Pois é declarado que mesmo aqueles que não estão plenamente seguros de estar recebendo uma revelação seriam encorajados a prosseguir e expressar à maneira de um profeta, visto que é provavelmente o que Paulo teria feito (pp. 147, 211). Mas para levar a confusão ainda um pouco adiante, Deus pode até mesmo "fazer vir à mente palavras que Ele não queria que tomássemos como sendo palavras propriamente dele" (p. 121).

Talvez esta última asseveração deva ser reiterada a fim de que sua plena significação seja apreendida. De acordo com esse conceito de profecia, Deus pode até mesmo "fazer vir à mente palavras que Ele não queria que tomássemos como sendo palavras propriamente dele" (p. 121, itálico adicionado). Como poderia algo estar tão afastado do conceito bíblico de profecia? O que poderia contradizer mais radicalmente a natureza do Deus de toda a verdade? Tomaria Ele um profeta como seu porta-voz e, no entanto, faria vir à mente do profeta palavras que Ele mesmo não quer que o povo considere como palavras propriamente dele? Não, Deus não é o autor de tal confusão.

Para se entender mais concretamente a perplexa relação ora alegada existir entre revelação e profecia, suponha-se que um profeta transmita uma palavra à congregação baseada numa revelação que ele acabou de receber. Ele anuncia como sendo uma palavra profética, como tendo sido hipoteticamente proposto: "Você deve casar-se com Filipe" (p. 167). É possível que, por alguma razão, o profeta se tenha confundido e o alvo do casamento seja Davi em vez de Filipe? Ou tenha o profeta dirigido sua palavra a uma pessoa quando na realidade deveria tê-la dirigido a sua irmã? Ou que a pessoa, alvo de sua mensagem, deveria sair para jantar com Filipe (ou com Davi?), e não para casar-se com ele? Qual é o valor de tudo isso, se o profeta continua a receber uma mensagem tão confusa que o destinatário não sabe o que fazer? Por que Deus se preocuparia em comunicar uma revelação, e a seguir designaria um método tão confuso de comunicar sua mensagem que ninguém poderia realmente compreender exatamente o que fez ou disse, nem mesmo o próprio profeta?

Ou, suponha-se que Deus revele a um profeta contemporâneo que a economia mundial piorará nos próximos três anos. O profeta toma essa revelação procedente do Senhor e a transmite à congregação. Por alguns instantes fica levemente confuso e diz que a recessão durará dois anos em vez de três. Como a congregação julgará tal profecia? A que versículos bíblicos ela apelará para atestar sua autenticidade? Jesus declarou que fomes viriam no fim dos tempos, e que o coração dos homens desfaleceria "pela expectação das coisas que sobrevirão ao mundo" (Lc 21.26). Se alguns economistas cristãos, presentes na congregação, concordam que o prognóstico de dois anos de recessão parece razoável, os membros da congregação se sentirão encorajados a vender suas ações e seus bens enquanto o preço dos mesmos está em elevação? E se a rotina econômica nos próximos dois anos parecer confirmar a predição, a congregação será uma vez mais aconselhada a voltar a comprar no mercado, supondo que a recessão agora terá fim? Que desastre seria se a recessão realmente durasse três anos em vez de dois! Que recriminações podem-se lançar contra o profeta e o pregador caso as pessoas tenham perdido significativas economias! Todavia tudo poderia acontecer com base na boa fé, a saber: que Deus queria proteger os recursos de seu povo, a fim de que pudessem usá-los no avanço de seu reino.

Deus não é o autor de tal confusão. Ele não exporia seu povo a uma posição tão precária em que não pudessem determinar sua vontade sobre uma questão concernente à qual Ele se revelara. Tal conceito de profecia conta com o potencial de gerar profunda incerteza na vida do povo de Deus. Porque, de um lado, a palavra do profeta é expressa com base numa revelação divina, e, portanto, demanda todo respeito e honra. Por outro lado, porém, esta palavra do profeta diz-se estar poluída pelo contato com falíveis agentes humanos, e, portanto, é indigna da confiante esperança do povo de Deus.

Pode-se propor que essa situação não é pior que a circunstância gerada por uma aplicação específica da Bíblia que pudesse provir de um consagrado ministro da Palavra de Deus. Mas as duas situações são drasticamente diferentes. No caso de uma admoestação dirigida à congregação por um pregador ou mestre, a base do ensino está imediatamente ao alcance da congregação. Cada membro da igreja pode pesquisar pessoalmente as Escrituras como sua mestra, e são admoestados a proceder assim. No caso da suposta palavra "profética", porém, só o próprio profeta tem acesso direto à revelação que veio de Deus. A base revelacional de sua profecia permanece sua propriedade exclusiva. Enquanto a "profecia" pode estar sujeita a ser testada pela Escritura para se determinar se um franco pecado estaria ou não envolvido em atender-se os preceitos do profeta, evidentemente não se dá o mesmo no caso de se ter acesso imediato às palavras revelacionais que são a base da suposta profecia.

Em consequência, este conceito de profecia conta com o potencial de gerar grande confusão entre o povo de Deus. Exceto a possibilidade de se comparar com as máximas gerais da Escritura, não existe meio de julgar objetivamente se uma mensagem profética realmente veio ou não de Deus.

Além disso, este gênero de "profecia" ameaça seriamente a liberdade de consciência do indivíduo cristão. Visto que tais palavras supostamente proféticas pareceriam muito mais diretamente aplicáveis do que as máximas gerais da Escritura; tenderiam a interferir na liberdade do cristão ao tomar suas próprias decisões sobre como sua vida deve ser vivida em obediência a Deus. Se em meio ao culto você recebe a informação por meio de uma mensagem profética que deve vender sua casa e mudar-se para outra região do país, e se essa palavra for apoiada por outros respeitáveis membros da congregação, o que restaria de sua liberdade para determinar, entre você e o Senhor, o que você deve fazer? Ainda que essa liberdade formalmente pudesse ser concedida pelo grupo, a pressão certamente seria muito forte a fim de que você se submeta à "palavra profética".

Neste respeito, a ambiguidade de atitude para com a profecia se faz plenamente evidente. Diversos porta-vozes carismáticos são citados como que indicando que as profecias que dizem o que uma pessoa deve fazer em circunstâncias específicas não devem ser aceitas nem rejeitadas. Ficariam "pendentes" até receberem confirmação de uma forma ou de outra (pp. 246s.). Todavia, diz-se que a profecia é "superior aos demais dons" (p. 153). Visto que ela é baseada numa revelação procedente diretamente de Deus, que fala especificamente a uma vigente situação do indivíduo, alega-se que ela é superior ao ensino e à pregação. Mas, se uma palavra profética tem esse gênero de superioridade, como é possível uma pessoa conservar-se confortável em sua própria consciência enquanto não fizer o que a profecia exige dela?

Mesmo quando surgem citações acerca da origem divina de uma "palavra profética", o que fazer se esse pronunciamento profético realmente é a própria Palavra de Deus especificamente dirigida a um indivíduo a respeito de uma circunstância concreta? Em razão dessa suposta origem da profecia contemporânea numa revelação procedente diretamente de Deus, a liberdade de consciência individual do crente seria continuamente desafiada por esses pronunciamentos proféticos, sejam quais forem as admoestações anexadas.

Diante desses problemas práticos, qual é o apelo deste corrente conceito de profecia? Por que uma pessoa estaria disposta a correr o risco de substituir a certeza da Escritura pela ambiguidade de afirmações proféticas falíveis? Por que alguém abriria a possibilidade de cercear sua liberdade de consciência em favor de sujeitar-se a uma suposta palavra do Senhor? É evidente que este conceito de profecia apela à sede humana por um senso de relação imediata e pessoal com Deus. A "presença viva do Senhor" é o benefício oferecido por este conceito de profecia (p. 148).

Este conceito também apela ao espírito democrático do dia. As pessoas apreciam a ideia de reunião de "câmara municipal", na qual todo mundo é igualmente livre para apresentar suas observações pessoais, quer sejam profundas quer não. Com tal conceito do papel da profecia na igreja, todo mundo pode antecipar que ele terá a oportunidade de apresentar sua própria contribuição para o culto da igreja. Todos terão a liberdade de falar segundo o impulso do Espírito profético (p. 147). A mensagem da igreja não será restringida aos pronunciamentos de uns poucos clérigos preparados. Ao contrário, qualquer um e todos terão a liberdade de falar publicamente na assembleia.

Tais apelos não devem ser negligenciados, uma vez que estejam radicados nas genuínas necessidades do corpo de Cristo. Não se deve permitir, porém, que tais considerações desloquem a estabilidade oriunda da visão das Escrituras como a única fonte da divina revelação aos homens. Todas as necessidades do povo de Deus serão respondidas de forma mais plena quando a igreja seguir as prescrições das próprias Escrituras. Em vez de restringir o espírito regenerado dos santos, a disposição da Palavra de Deus o liberará para que sirva o Senhor de uma maneira muito mais plena.

2. Este Conceito se Sustenta "Por um Fio" Exegético

Numa religião baseada totalmente em revelações especiais de Deus, antes que em juízos falíveis de homens, a perfeição nos componentes que trazem a divina revelação é uma necessidade fundamental. Do contrário, a vontade de Deus para seu povo permaneceria para sempre uma matéria de incerteza. Se porventura a incerteza caracterizasse a transmissão da Palavra do Senhor, então inevitavelmente a vida do povo de Deus manifestaria o mesmo gênero de ambiguidade.

Esse princípio fundamental é claramente visto na insistência sobre a perfeição da revelação que vem através dos profetas do antigo pacto. Ainda que suas palavras tenham vindo nas nebulosas formas de imagens e tipos do antigo pacto, cada palavra que exprimiam tinha que ser a própria Palavra de Deus. Não era permitido tolerar qualquer mistura. Morte era a sentença que seria executada contra o profeta cujos pronunciamentos contivessem uma única palavra viciosa.

Essencial ao conceito correntemente em discussão é a proposta de que a profecia nas congregações do novo pacto é de uma natureza distinta. Ainda que baseada numa revelação infalível, inerrante e divina, que procede do profeta, as reais palavras procedentes da boca do profeta invariavelmente contêm erros introduzidos no processo de transmissão. Nesse respeito, a profecia do novo pacto "congregacional ordinária" é tratada como se fosse de uma natureza distinta da profecia do antigo pacto.

Essa suposta diferença entre a profecia do antigo e do novo pacto não podia ser mais básica. Pode-se comparar à diferença entre o conceito de que há erros na Bíblia e o conceito que vê as Escrituras como que contendo unicamente a infalível e inerrante Palavra de Deus. A comunidade evangélica do povo de Deus tem consistentemente afirmado que uma revelação procedente de Deus que contivesse erros seria um péssimo guia para o povo de Deus. No entanto, no seio da comunidade evangélica, agora, surgiu este conceito de que as revelações genuínas procedentes de Deus se apresentam ao povo numa forma falível.

Se o novo pacto, em todas as suas formas, é "melhor" que o antigo, poder-se-ia com toda razão esperar que cada parte do novo pacto fosse melhor que seu correlativo no antigo pacto. Cristo na cruz é melhor que a serpente de bronze presa a uma haste. A ressurreição dos mortos é melhor que o êxodo do Egito. O batismo é melhor que a circuncisão, e herdar os novos céus e a nova terra é melhor que possuir a Palestina. Nesse contexto comparativo entre o antigo e o novo pacto, pareceria deveras estranho se a profecia do novo pacto assumisse uma forma que fosse significativamente menos poderosa em manifestar as divinas perfeições do que seu correlativo no antigo pacto. Obviamente, o conteúdo da profecia do novo pacto é muito mais glorioso do que o da profecia do antigo pacto. Mas deve-se esperar que essa mais gloriosa realidade seja comunicada através de uma forma de profecia, falível e não-confiável, em drástico contraste com as ininterruptas perfeições de 1500 anos de profecia do antigo pacto?

Com certeza se poderia esperar que, se esse gênero de mudança na natureza da profecia fosse ocorrer, uma clara palavra da parte do Senhor teria prevenido o povo de Deus.

A profecia, desde Moisés até Cristo, tinha sido uma incorporação das próprias palavras de Deus, absolutamente confiáveis em cada sílaba. Se agora, sob o novo pacto, ela assumisse a forma de palavras falíveis e humanas, segundo esta corrente posição afirma, poder-se-ia esperar que Deus indicasse de uma forma clara e inequívoca essa drástica mudança na natureza da profecia.

Todavia, todo o argumento em favor da natureza inferior da profecia do novo pacto se sustenta "por um fio" exegético. Os argumentos bíblicos que se propõem a apoiar esta degradação radical da instituição divina da profecia não podem suportar o peso das asseverações que vêm sendo feitas. Considerem-se antes de tudo os argumentos baseados no ensino concernente à profecia que se encontra em 1 Coríntios, os quais formam a principal essência do caso para um diferente gênero de profecia daquela que era experimentada sob o antigo pacto.

a. *Argumentos em favor de uma espécie inferior de profecia baseados no ensino acerca da profecia em 1 Coríntios*

i. *1 Coríntios 14.29*

Nenhum versículo é referido mais frequentemente nesta discussão do que 1 Coríntios 14.29. Regularmente apela-se para esta afirmação, ou seja, que "dois ou três profetas falem, e os outros julguem cuidadosamente o que foi dito" (NIV). Particularmente, apela-se para a última frase: "julguem o que foi dito", como indicando que a profecia, como experimentada em Corinto, não podia ter sido da mesma natureza que aquela do antigo pacto. Como seria possível que as profecias em Corinto tivessem o caráter de palavras infalíveis e inquestionáveis, que incorporam as próprias palavras de Deus, se a congregação deve "julgar cuidadosamente o que foi dito", determinando quais elementos das profecias eram corretos e quais os elementos deveriam ser tratados somente como opiniões humanas?

Que fique claro desde o início que todo o argumento baseado neste versículo se sustenta "por um fio" exegético. Ele se baseia sobre um fraseado inferencial que realmente nem mesmo se encontra na Palavra de Deus. As palavras "[julguem] o que foi dito" não se encontram no texto original da Escritura, mas foram adicionadas pelos tradutores como sua interpretação dessa passagem. Nem um único manuscrito antigo do Novo Testamento contém essas palavras. Deve-se observar a plena significação desse fato. O principal argumento exegético para um gênero distinto de profecia, uma profecia falível cujos "bons" e "maus" elementos devem ser separados uns dos outros, surge de um fraseado que nem mesmo se encontra na Escritura. Nove das vinte e uma páginas do livro de Grudem que tratam da profecia em 1 Coríntios são dedicadas ao tratamento desse único versículo. Uma dúzia de vezes, nessas páginas, ele faz referência à frase "[julguem] o que foi dito", indicando a significação, em seu conceito, dessas palavras que foram inseridas pelos tradutores. O argumento favorecendo um gênero distinto de profecia no novo pacto repousa pesadamente sobre um apelo a palavras que nem mesmo existem no Novo Testamento!

Naturalmente, o acréscimo feito pelos tradutores da NIV se destinava a uma observação interpretativa dessa frase em 1 Coríntios 14.29, mas há uma maneira melhor de traduzi-la. A redação literal do versículo é: "que falem dois ou três profetas, e que os outros discriminem" (diakrino). Como foi realçado anteriormente, este termo é frequentemente usado no Novo Testamento para referir a uma discriminação entre pessoas, não a palavras ou ideias. Pedro diz que Deus não fez discriminação entre judeus e gentios crentes no derramamento do Espírito Santo (At 15.9). Paulo formula a pergunta retórica aos crentes de Corinto:

"Quem te fez diferente de qualquer outro?" (1 Co 4.7). Novamente pergunta: "Há entre vós alguém bastante sábio para discriminar entre seus irmãos?" (1 Co 6.5). Tiago expressa preocupação com o fato de que seus companheiros cristãos faziam "discriminação entre vós mesmos", ao fazer diferenciação entre o rico e o pobre (Tg 2.3-4). Nessas passagens, três diferentes autores do Novo Testamento usam o termo diakrino para indicar uma distinção entre pessoas, não entre palavras ou ideias. É digno de nota que dois exemplos desse uso do termo se encontram na primeira carta de Paulo aos Coríntios.

No contexto de 1 Coríntios 14, Paulo não se preocupa com um novo gênero de profecia em contraste com a variedade no antigo pacto. Ele se preocupa, aliás, com uma nova abundância de profecia, a qual coincide exatamente com o que as palavras de Joel citadas no Pentecostes anteciparam (At 2.16-18). Com toda essa abundância de palavras do Senhor, a igreja deve se precaver para que tudo seja feito decentemente e em ordem, porquanto Deus não é Deus de desordem, e, sim, de paz (1 Co 14.31-33). Todo aquele que tenha uma palavra profética da parte do Senhor eventualmente terá a oportunidade de profetizar, mas os espíritos dos profetas devem permanecer sujeitos aos profetas.

É precisamente nesse contexto da discussão em torno da ordem na igreja, em relação ao exercício do dom profético, que Paulo diz: "Que falem dois ou três profetas, e que os outros discriminem" (1 Co 14.29). Os "outros", a quem Paulo se refere, aparentemente são outros profetas que têm o mesmo dom daqueles que trazem a palavra profética, ainda que a referência poderia ser ao restante da congregação. Em qualquer caso, porém, a "discriminação" parece envolver uma determinação acerca de quem falaria e em que ordem. Como já vimos, as palavras "julguem cuidadosamente o que é dito" nem mesmo aparecem no texto da Escritura, e envolvem uma inferência desnecessária.

O argumento de que essa frase em 1 Coríntios 14.29 introduz um novo gênero de profecia, o qual inclui erro ao lado da verdade, tem por base um fundamento exegético muito tênue. Ele constrói sobre um fraseado inferencial não encontrado no texto original da Escritura. Não se harmoniza com o contexto de 1 Coríntios 14, no qual Paulo está explicitamente desenvolvendo "princípios relativos à ordem na igreja", e não discutindo um novo gênero de profecia em contraste com o tipo que havia prevalecido nos 1500 anos anteriores, na experiência do povo de Deus.

ii. *Outros argumentos de 1 Coríntios*

Numa afirmação sumariada concernente ao ensino de 1 Coríntios com referência à proposta de um legítimo gênero de profecia no novo pacto, o qual conteria erro, Grudem formula cinco pontos (p. 87). Uma vez mais, pode-se observar o caráter tendencioso de tais propostas. Em três dos cincos casos, ele indica que, "possivelmente", suas conclusões são corretamente alcançadas. Esse tipo de qualificação indica o caráter incerto desses vários argumentos que, supostamente, estão estabelecendo um novo gênero de profecia na era do novo pacto. Um exame mais detido desses argumentos sublinha a incerteza do caso em pauta.

Primeiramente, argumenta-se, a partir de 1 Coríntios 14.29, "que as palavras dos profetas podem ser enfrentadas e questionadas, e que o profeta às vezes pode equivocar-se" (p. 87). Já ficou indicado que a frase "[julguem] o que é dito" não aparece no texto original da Escritura, e que o contexto, bem como o uso da palavra "discriminar" pressupõem, aliás, que o julgamento envolvia uma decisão sobre qual dos profetas falaria. No entanto, mesmo que a "discriminação" enfrentada estivesse relacionada com as palavras vocalizadas pelos profetas, nada nesse procedimento distinguiria a profecia do novo pacto da profecia do antigo pacto. Pois o juízo era proferido regularmente acerca do genuíno ou falso caráter das palavras emitidas por um "profeta" no período do antigo pacto (cf. Dt 13.1-5; 18.21-22).

Os documentos do novo pacto evidentemente anteciparam a presença de falsos profetas. O próprio Cristo advertiu acerca de muitos falsos profetas que agiriam no seio do povo de Deus (Mt 7.25; 24.11, 24). Paulo, mais tarde, fala de falsos apóstolos que estavam perturbando a igreja de Corinto (2 Co 11.13,26). Pedro e João também reconhecem o caráter desgastante dos falsos profetas em seus dias (2 Pe 2.1; 1 Jo 4.1).

À luz dessa comum expectativa concernente à presença de falsos profetas no seio da comunidade do novo pacto, a tese de que 1 Coríntios 14 deve ser lido como uma previsão de erro dentro da profecia genuína do novo pacto, em vez de uma antecipação da possibilidade de falsos profetas no seio da igreja de Corinto, fundamenta-se precariamente sobre um argumento com base no silêncio. A tese de que o suposto erro aparece na genuína profecia do novo pacto, antes que nos falsos pronunciamentos que não são genuína profecia, é um argumento exegético que se sustenta "por um fio". A ausência de qualquer menção de "falsos" profetas em 1 Coríntios 14 dificilmente provê base para se estabelecer um novo gênero de profecia genuína na comunidade do novo pacto, uma profecia que contém erro misturado com a verdade. Reconhecendo que era preciso emitir juízo concernente às profecias do novo pacto, tal fato por si só não distingue esse gênero de profecia daquele do antigo pacto. Evidentemente, tal reconhecimento não deve por si só indicar que a genuína profecia do novo pacto "pudesse às vezes ser falsa" (ibid). Pois um pronunciamento não seria realmente uma profecia do Senhor caso se provasse ser falso.

Em segundo lugar, argumenta-se que a profecia do novo pacto, como apresentada em 1 Coríntios 14.30, é distinta daquela do antigo pacto, visto que Paulo "parece não estar preocupado que algumas das palavras dos profetas pudessem ser perdidas para sempre e jamais fossem ouvidas pela igreja" (p. 87). Tal conclusão se baseia numa interpretação pessoal do efeito da interrupção de um profeta por outro, antes que o primeiro profeta tivesse completado a transmissão de sua mensagem. Mas esse quadro da situação em Corinto parece estar baseado especificamente mais nas experiências contemporâneas da "profecia" num contexto carismático moderno do que numa evolução da evidência real fornecida por Paulo. Seria evidente que as únicas revelações proféticas experimentadas pela igreja de Corinto vinham espontaneamente durante o culto de adoração? Acaso Paulo, em alguma parte, exclui a possibilidade de que algumas revelações proféticas pudessem vir dias ou semanas antes que a assembleia pública se reunisse para que fossem transmitidas? Isso possivelmente não explicaria por que se permitia que uma revelação mais urgente, vinda durante o culto, interrompesse a profecia menos urgente. E será que Paulo em alguma parte insinua que o profeta que fosse interrompido não pudesse mais tarde levantar-se para completar sua mensagem profética? O que Paulo explicitamente diz é que, ainda que "tudo deva ser feito com decência e ordem", a todos os profetas eventualmente será dada uma plena oportunidade para a transmissão da Palavra do Senhor (1 Co 14.31). Toda a ideia de um gênero menos importante de profecia, no qual algumas palavras jamais seriam ouvidas pela congregação, se prende mais a uma cadeia de pressuposições do que a uma clara evidência exegética.

Em terceiro lugar, argumenta-se, à luz de 1 Coríntios 14.36, que, visto que Paulo, por meio de sua pergunta retórica, nega que a Palavra de Deus tenha vindo dos coríntios, seus profetas não teriam a mesma autoridade que os porta-vozes do antigo pacto. Uma vez mais, porém, o caráter tendencioso da interpretação dessas palavras de Paulo se faz evidente. Porventura Paulo realmente declara que os profetas de Corinto não transmitiam a palavra de Deus? Na verdade, não estaria ele negando que a palavra de Deus tinha sua origem entre eles, segundo se apresenta em diversas traduções em vigor? É mais provável, à luz desse versículo, que os coríntios não podiam fazer normas para a conduta de seu culto além daquilo que Paulo lhes havia transmitido (p. 85). Todavia, o versículo simplesmente expressa: "Porventura foi de vós que partiu a palavra de Deus? Ou veio ela somente para vós?" (1 Co 14.36). É difícil concluir dessas perguntas retóricas que Paulo está negando que o Espírito Santo comunicava revelações divinas pela instrumentalidade de seus profetas. Na verdade, a conclusão contrária faria muito mais sentido. A Palavra de Deus, de fato, os alcançara igualmente. O fato é que eles não eram os únicos recipientes das revelações divinas.

Em quarto lugar, insiste-se que a palavra profética em Corinto era inferior às palavras do apóstolo, já que aos coríntios era negado o direito de competir com as palavras autoritativas de Paulo. O apóstolo declara que qualquer um que em Corinto concluísse que era profeta, devia reconhecer que o que Paulo escreve é mandamento do Senhor (1 Co 14.37). Visto que, por esta declaração, Paulo exige que os profetas de Corinto reconheçam a autoridade apostólica de seus escritos, conclui-se que os profetas de Corinto não podiam exprimir palavras autoritativas da parte do Senhor como faziam os apóstolos.

Uma vez mais, porém, a conclusão força grandemente a evidência. Afirmar que os profetas de Corinto não podiam contradizer a Paulo não é a mesma coisa que dizer que não podiam suplementar a Paulo. Obviamente, nenhuma Palavra do Senhor contraditará uma palavra anterior. Negar, porém, aos profetas coríntios o direito de contradição não é o mesmo que negar-lhes o direito de falar uma nova palavra da parte do Senhor. Se o estabelecimento da existência de um gênero diferente de profeta que usufrui de menos autoridade que os do antigo pacto, que se apoia nesse tipo de argumentação, também se apoia num fundamento demasiadamente tênue.

Finalmente, argumenta-se que, visto que Paulo permite às mulheres profetizarem, porém não ensinarem autoritativamente na igreja, os pronunciamentos proféticos do novo pacto não podem ter a autoridade de seus predecessores do antigo pacto. Mais uma vez o argumento não é convincente. Uma explicação diferente aumenta ainda mais o sentido da evidência exegética. Um profeta era pura e simplesmente um instrumento, um órgão da Palavra do Senhor. O pagão Balaão podia servir como profeta do Senhor simplesmente por causa da natureza instrumental da função de profeta. Mas o ofício de presbítero ou mestre não podia ser preenchido por alguém da estirpe de Balaão. Esse papel de responsabilidade dependia do exercício contínuo de uma pessoa de autoridade sobre a congregação, com o apoio do testemunho de sua própria vida. Sem refletir sobre o caráter cristão das mulheres, Paulo, sob a inspiração do Espírito Santo, negou-lhes o exercício contínuo de autoridade sobre a congregação incorporado no ofício de presbítero, em razão da ordem estabelecida por Deus na criação. Todavia ele não negaria que uma mulher pudesse servir como um adequado instrumento da revelação profética para o povo de Deus, da mesma forma que o fizeram sob as provisões do antigo pacto.

Em suma, esses vários argumentos de 1 Coríntios em favor de um gênero inferior de profecia não são muito fortes. A multiplicação do número de argumentos inferenciais não tem força em si mesma. Tanto na exegese como na matemática, zero mais zero é igual a zero. Ao contrário do esforço do Dr. Grudem em denegrir a profecia do novo pacto como sendo "ordinariamente congregacional", a clara linguagem de 1 Coríntios fala reiterada e explicitamente de uma "revelação" que vem através da profecia do novo pacto (1 Co 14.26-31). Alguém pode asseverar que a "revelação" a que Paulo se refere descreve a comunicação do Senhor a seu profeta, enquanto a transmissão da palavra à congregação resulta em algo menos que uma revelação. Mas essa asseveração precisa ser estabelecida por evidência exegética sem ambiguidade, particularmente à luz da significação da profecia estabelecida juntamente com a história do povo de Deus que precedera este ponto no tempo. A profecia fora sempre o supremo modo pelo qual Deus comunicava sua vontade a seu povo. Em sua experiência uniforme, as palavras dos profetas eram as próprias palavras de Deus. Não tanto na tipologia, nem mesmo na teofania, porém era através da profecia que Deus comunicava sua vontade ao povo (cf. Hb. 1.1).

Além do mais, a "profecia", na Escritura, descreve primeiramente e acima de tudo um processo de uma proclamação, não de recepção interna. O próprio termo focaliza a transmissão de uma mensagem, não a recepção de uma mensagem. Se a revelação está associada à profecia, a primeira suposição seria que a "verbalização" da mensagem constitui a "revelação". Às vezes o profeta podia receber sua revelação antes de sua transmissão. Noutras vezes, porém, a transmissão da revelação era simultânea com sua recepção pelo profeta; a boca do profeta não se movia por impulsos displicentes, todavia nenhum lapso de tempo ou lapso mental existia entre a recepção e a transmissão da revelação.

Em qualquer caso, o ônus da prova deve repousar na pessoa que propõe uma dicotomia entre a recepção que o profeta tem de uma palavra do Senhor e a transmissão que ele faz de uma revelação autoritativa, o que é contrário à experiência consistente dos mensageiros do antigo pacto ao longo de 1500 anos. À luz do uso bíblico consistente, outros termos além de "profeta" ("porta-voz") e "profecia" ("mensagem") teriam sido muito melhores se o intento de Paulo em 1 Coríntios fosse descrever uma situação na qual uma "revelação" viria de Deus a um indivíduo, mas a transmissão da revelação seria algo menos que a própria palavra de Deus.

1 Coríntios é o único livro entre os documentos do novo pacto que desenvolve mais plenamente o cenário da profecia na comunidade do novo pacto. Todavia, o caso para um gênero diferente de profecia além daquele que foi experimentado previamente no seio do povo de Deus se sustenta "por um fio" exegético. Suposições baseadas em inferências dificilmente podem prover adequada justificativa para esse tipo de alteração radical do padrão da revelação de Deus por seus profetas através de todas as épocas anteriores.

b. *A evidência do restante do Novo Testamento*

i. A análise evidencial de Atos no livro de Wayne Grudem, The Gift of Prophecy in the New Testament and Today, começa com Atos 11. Todavia, o vínculo crítico entre a profecia do antigo pacto e seu correlativo no novo pacto aparece em Atos 2, segundo registra a experiência do Pentecostes. Pedro vincula os eventos daquele grande dia diretamente à "profecia sobre profecia" de Joel. A clássica experiência de profetizar do antigo pacto, "vendo visões" e "sonhando sonhos" é equiparada às ocorrências do dia de Pentecostes, mediante a frase "isso é o que" (At 2.16). Pedro equipara a profecia do novo pacto com seu equivalente no antigo pacto. Miraculosamente, aos apóstolos foi dado o poder para profetizarem através de todos os idiomas do povo reunido em Jerusalém.

Se com esse ponto de partida o intento do livro de Atos é desenvolver um gênero diferente de profecia para as congregações do novo pacto, poderíamos esperar que algum tipo de indicador explícito de uma mudança na natureza da profecia seria fornecido ao longo do percurso. Todavia, esse tal indicador não existe. De fato, entre Atos 2 e a menção explícita da mensagem de uma profecia na era do novo pacto, em Atos 11, faz-se reiterada referência aos santos profetas do antigo pacto, os quais falaram a Palavra de Deus, infalível e inerrantemente (At 2.30; 3.18, 21-25; 7.37, 42, 48, 52; 8.28, 30, 34; 10.43). Uma vez estabelecido esse tipo de antecedente bíblico, dá-se notícia de profetas que descem de Jerusalém a Antioquia. Um deles, chamado Ágabo, "dava a entender, pelo Espírito, que haveria uma grande fome por todo o mundo [romano]" (At 11.28). Em vista do consistente testemunho acerca da natureza da profecia em Atos até este ponto, e considerando que teria sido absolutamente impossível para Ágabo tomar conhecimento acerca de uma fome futura, a não ser por revelação divina, parece evidente que a "profecia" experimentada no cenário deste novo pacto é precisamente a mesma profecia dos dias do antigo pacto.

Entretanto, argumenta-se que a "imprecisão" das palavras que compõem a profecia de Ágabo pressupõe um gênero inferior de autoridade que a palavra profética normal (p. 90). Declara-se que o termo "predisse" (literalmente, "deu a entender"), segundo seu uso na literatura grega secular, se refere somente a uma "vaga indicação do que ocorreria" (ibid). O que mais se poderia esperar dos profetas seculares tentando descrever o futuro, podemos perguntar, sem a predominância da revelação divina? O que poderiam oferecer senão uma "vaga" indicação enquanto tentassem adivinhar o que ocorreria no futuro?

Ágabo, porém, não apresentou porventura uma "vaga indicação" quando "predisse pelo Espírito Santo" que uma terrível fome passaria por todo o império romano? É possível que o termo "predisse" tenha uma conotação de caráter impreciso em seu uso no grego secular. Mas uma análise do termo à luz de seu emprego no Novo Testamento reforça solidamente a ideia de que as palavras de Ágabo foram predições proféticas do mesmo calibre da profecia do antigo pacto. A palavra grega traduzida por "predisse" ocorre cinco vezes no Novo Testamento, além de Atos 11.28. Em quatro desses cinco exemplos, o termo claramente descreve profecias acerca do futuro que, pela natureza do caso, devem ter sido declarações infalíveis, inerrantes, desfrutando da plena autoridade da palavra inspirada de Deus. Jesus mesmo "predisse" o tipo de morte que iria enfrentar, quando falou em ser levantado (Jo 12.33). Os judeus, mais tarde, exigiram a crucificação de Cristo em cumprimento das palavras de Jesus, quando "predisse" o tipo de morte que teria (Jo 18.32). Obviamente, esses usos da palavra indicam profecias que devem ser tão plenamente autoritativas quanto as predições inspiradas de Deus no Velho Testamento. "Isso tem de ser cumprido", principal fórmula dos Evangelhos indicando o cumprimento de uma profecia do Velho Testamento, se aplica a essa "predição" de Cristo.

As palavras de Jesus que "preconizaram" o tipo de morte pela qual Pedro glorificaria a Deus têm a mesma significação (Jo 21.19). Deve-se propor que as palavras do Cristo ressurreto que antecipa a futura morte de seu discípulo tinham uma "imprecisão" tal que as faz menos autoritativas do que as declarações dos profetas da era do antigo pacto? Não menos autoritativa era a revelação de Jesus Cristo que Deus comunicou ao apóstolo João, a qual o capacitou a "predizer" a seus servos as coisas que em breve devem acontecer (Ap 1.1). Com toda certeza, as "predições" proféticas do Cristo glorificado, segundo comunicadas a João e registradas no livro do Apocalipse, não tinham menos autoridade do que as profecias do antigo pacto.

Esse termo idêntico, na "predição" de Ágabo, descreve a vinda de uma fome. A palavra não pressupõe "imprecisão" ou "um tipo de autoridade inferior" (p. 90) às palavras proféticas introduzidas no Novo Testamento pela mesma palavra. A profecia de Ágabo se ajusta exatamente ao padrão de profecias do Velho Testamento mencionadas nos primeiros capítulos do livro de Atos. Apesar de não ser apóstolo, o profeta Ágabo prediz o futuro com plena autoridade divina. A indicação de que ele falava "através do Espírito Santo", longe de sugerir "perda de relação entre o Espírito Santo e o profeta" (p. 90), confirma o fato de que ele era um instrumento da divina revelação aos homens. A tese de que a preposição grega "através de", na frase "através do Espírito Santo", indica "relacionamento fraco entre o Espírito Santo e o profeta, exagera a força da preposição grega além do que lhe é próprio, visto que ela dá lugar a um grande grau de influência pessoal pela própria pessoa humana" (ibid). As significações amplamente variadas dessa preposição grega a fazem totalmente inapropriada para ser usada como base para uma significação precisa que excederia as considerações contextuais, tanto quanto os demais usos do termo "predizer" por todo o Novo Testamento.

Enquanto o livro de Atos procede com seu registro da difusão do evangelho, ele faz menção da continuação da manifestação do dom de profecia. Tanto em Antioquia (At 13.1-2) como em Éfeso (At 19.5-7) faz-se referência ao exercício desse dom na igreja. Não há nenhum indicador, de forma explícita ou implícita, de que um novo tipo de profecia foi agora introduzido na vida da igreja. Ao contrário disso, Atos 19 deliberadamente ecoa a experiência da igreja no Pentecostes, quando a predição de Joel acerca da difusão da profecia encontrou seu primeiro cumprimento na comunidade do novo pacto. Os doze apóstolos originalmente profetizaram em todos os diferentes idiomas do povo reunido em Jerusalém. Ora, em Éfeso, quando o evangelho está sendo proclamado "até aos confins da terra", doze homens falam em línguas e profetizam. Diante da total ausência de qualquer indicador de que essa manifestação profética era diferente do que ocorreu no Pentecostes, e à luz do paralelismo convenientemente deliberado na descrição, pode-se concluir que a manifestação profética que ocorreu em Éfeso era a mesma que ocorreu em Jerusalém. No dia de Pentecostes, a predição de Joel concernente à difusa manifestação do dom de profecia encontrou seu primeiro cumprimento, e o único tipo de profecia que Joel conhecia para predizer era aquele experimentado desde os dias de Moisés. Essa mesma profecia de Joel encontra cumprimento posterior mediante a vinda do Espírito profético nos doze em Éfeso.

A afirmação de que a ação profética de Éfeso "não tem qualquer semelhança com as palavras dos mensageiros do Velho Testamento" (pp. 92-93) é uma afirmação feita sem comprovação. O fato de que algumas pessoas profetizavam dificilmente apoia tal afirmação, particularmente à luz da experiência do Pentecostes. Nada no texto apoia a infundada asseveração de que a manifestação profética de Éfeso "não parece ter sido do tipo que possuía a absoluta autoridade das próprias palavras de Deus" (p. 93).

O caso mais consistente para um tipo diferente de profecia na comunidade do novo pacto pode-se extrair das profecias relacionadas com a subida de Paulo a Jerusalém. Em sua forma mais trivial, Atos 21.4 indica que "através do Espírito" os discípulos de Tiro insistiram com Paulo que não fosse a Jerusalém. Contudo, inicialmente Paulo relatou aos santos de Éfeso que fora "compelido pelo Espírito" a ir a Jerusalém (At 20.22). Considerado de modo superficial, parece que o relato de um apóstolo a respeito da obra do Espírito é frontalmente contraditado pela persuasão do Espírito que vem através dos discípulos. Esse modo de colocar as coisas resulta plenamente bem. Acaso deve-se concluir que a genuína natureza da profecia do novo pacto agora se fez plenamente evidente? Seria o caso que através do Espírito devam ser transmitidas ao povo de Deus, para servir-lhe de diretrizes, mensagens que francamente se contradigam?

Diversos e fidedignos comentaristas de várias convicções teológicas não têm tido problema algum em resolver a aparente discrepância. Tampouco Johannes Munck, nem

F. F. Bruce, nem J. A. Alexander, nem João Calvino pressupõem que o Espírito se contradisse, ou que a profecia do Novo Testamento com isso se prova ser um misto de bom e mau, de verdade e mentira. Cada um a seu próprio modo conclui que o Espírito revelou a esses discípulos os sofrimentos que Paulo teria de suportar em Jerusalém. A essa revelação completa, os apreensivos discípulos juntaram sua própria conclusão: que Paulo não devia ir a Jerusalém. Não era uma questão de o Espírito ou a profecia estar errada nesse ponto. Ao contrário, era simplesmente que a preocupação dos discípulos pelo bem-estar de seu mentor se limitava à sua apreensão pelo bem que poderia advir do sofrimento de Paulo por causa de Cristo. Calvino assim sumaria sabiamente a matéria: "Não deve causar admiração que aquele que excede no dom de profecia seja às vezes destituído de juízo ou de coragem."(9)

Uma sólida confirmação dessa explicação acerca do aparente conflito de mensagens do Espírito Santo se encontra na narrativa que vem imediatamente a seguir. Quando Paulo e seu grupo de viagem chegam a Cesareia, o Espírito fala uma vez mais. Dessa vez o profeta Ágabo é seu instrumento. Ágabo profetiza que em Jerusalém Paulo seria mal-

---

(9) Johannes Munck (in The Acts of the Apostles, Doubleday & Co., Garden City, New York, 1967, p. 207) faz uma sensata distinção entre as solicitações da congregação e a predição do Espírito Santo: "Durante sua visita ali, Paulo entrou em contato com a congregação local, a qual insistia para que ele não subisse a Jerusalém, motivada pela predição do Espírito Santo de que sua vida estaria em perigo por lá." F. F. Bruce (in Commentary on the Book of the Acts, Wm. B. Eerdmans Publishing Co., Grand Rapids, 1979, p. 421) declara de modo similar: "Era natural que seus amigos, por meio do espírito profético, fossem capazes de predizer sua tribulação e aprisionamento, e tentassem dissuadi-lo de ir..."
Veja-se também J. A. Alexander, Commentary on the Acts of the Apostles, Zondervan Publishing House, Grand Rapids, 1956, reimpressão, p. 722: "Esse não era um mandamento divino para Paulo, mas uma inferência dos discípulos acerca do fato, o qual lhes fora revelado, de que Paulo estaria ali em grande perigo."
Um pleno reconhecimento do problema e uma sensata solução podem também ser encontrados em João Calvino, Commentary upon the Acts of the Apostles, Baker Book House, Grand Rapids, 1984, vol. II, p. 268.

tratado tanto pelos judeus como pelos gentios (At 21.10). Lucas especialmente se inclui, bem como os demais companheiros de viagem de Paulo, juntamente com as pessoas de Cesareia, na resposta espontânea a essa solene mensagem do profeta: "Quando ouvimos isso, rogamos-lhe, tanto nós como os daquele lugar, que não subisse a Jerusalém" (At 21.12). A linguagem de sua exortação é virtualmente idêntica à fraseologia de Atos 21.4: "Havendo achado os discípulos, demoramo-nos ali sete dias; e eles pelo Espírito diziam a Paulo que não subisse a Jerusalém." Mas agora o contexto é expresso de forma mais completa. O profeta Ágabo segue precisamente o padrão de seus correlativos no antigo pacto. Primeiramente ele representa o evento predito amarrando-se com o cinto de Paulo. Então declara a mensagem que o Espírito Santo lhe revelara com referência às aflições de Paulo quando chegasse em Jerusalém. Preocupados com o bem-estar do apóstolo, todos tentaram dissuadi-lo de prosseguir seu caminho. Ao compreenderem que não poderiam mudar sua mente, se resignaram ao que seguramente viria: "Que se faça a vontade do Senhor" (At 21.14).

Essa elaboração subsequente sobre o mesmo incidente aprovisiona o contexto para que o aparente conflito seja resolvido entre a obra do Espírito em compelir Paulo a ir a Jerusalém (At 20.22) e a mensagem "através do Espírito" por parte dos irmãos de Tiro apelando a Paulo a não ir a Jerusalém (At 21.4). O Espírito revelou as provações que Paulo teria de enfrentar, e os irmãos tomaram sobre si a responsabilidade de dissuadi-lo a não prosseguir. Seria o caso de ter Paulo "simplesmente desobedecido" a palavra profética que veio da parte dos irmãos de Tiro? (p. 94). Esta passagem estabelece um novo gênero de profecia que vem "através do Espírito Santo e no entanto é errônea e não-autoritativa na vida do povo de Deus? Pode-se encontrar justificativa para se desobedecer esse diferente tipo de profecia no novo pacto, em razão de sua inferior qualidade?

A questão não é meramente uma matéria de semântica, um argumento acerca de se usar o termo "profecia" para descrever uma palavra supostamente errônea provinda do Espírito Santo. A questão, ao contrário, é se é possível encontrar justificativa nesse incidente para a introdução nas vigentes práticas cúlticas de um tipo distinto de profecia daquele conhecido desde séculos antes deste evento particular. A igreja, com base nesse fato, permitirá que um indivíduo interrompa o culto de adoração para transmitir uma "profecia" que inclui um misto de verdade e erro, caso ele alegue ter recebido uma "revelação" da parte de Deus, a qual deve ser relatada à congregação? A evidência de Atos 21.4 não fornece apoio a uma tal intrusão na ordem do culto divino. A profecia continua em Atos a ser um pronunciamento com plena autoridade divina. Não era um relato errôneo do que uma pessoa acreditava lhe haver sido comunicado por Deus.

Questões adicionais sérias são salientadas em conjunção com a profecia de Ágabo como relatada em Atos 21.11. Grudem argumenta que a profecia é inexata em dois pontos: (1) os judeus não prenderam Paulo como Ágabo lhe havia dito; e (2) não entregaram Paulo nas mãos dos romanos (pp. 96s.). A essência de todo esse empenho consiste em encontrar alguns equívocos neste exemplo de profecia não-apostólica do novo pacto, de modo que o caminho seja aclarado para o prosseguimento do mesmo tipo de atividade profética inexata, porém legítima, na igreja de hoje.

Duas respostas podem ser oferecidas a esse peculiar empenho de um evangélico professo para descobrir erro no fenômeno profético no novo pacto.

Antes de tudo, seria realmente tão evidente que Ágabo estava equivocado em sua descrição dos eventos associados à prisão de Paulo em Jerusalém? Duas vezes relata-se que os judeus "agarraram" Paulo (At 21.27,30). Seria portanto muito claro que não o "prenderam" quando o "agarraram" e "o arrastaram para fora do templo"? (v. 30). De uma forma similar, seria realmente tão claro assim que os judeus não "entregaram" Paulo aos romanos como Ágabo predissera? Os judeus agarraram Paulo e estavam no processo de espancamento quando os oficiais romanos chegaram à cena (At 21.32). Deve-se insistir que não houve "entrega" de Paulo pelos judeus quando o comandante romano chegou e o prendeu? (v. 33). Deve-se supor que os judeus desistiram completamente de agarrar Paulo antes que o mesmo fosse preso pelos romanos? A história das cenas tumultuosas dificilmente relata tudo, e é bem possível que as coisas ocorreram exatamente como Ágabo predisse.

Em segundo lugar, deve-se tomar cuidado para evitar a armadilha do "rigorismo" na interpretação das profecias da Escritura. Uma vez que se exige certa característica de precisão no tocante a detalhes, é possível que surjam dificuldades de todo tipo. Em seu principal impulso, a profecia de Ágabo como um todo se cumpriu. Os judeus foram o instrumento da captura de Paulo, que afinal terminou em sua prisão pelos romanos. Essa é a essência da profecia de Ágabo. Enquanto que em certas ocasiões a profética Palavra do Senhor pode manifestar-se com precisão detalhada, certamente que nem sempre é o caso. Num capítulo anterior de Atos, Filipe cita Isaías 53, quando ele profetiza o sofrimento de Cristo (At 8.32-35). Esse capítulo profético, mais que qualquer outro no Velho Testamento, pode ser considerado como uma acurada antecipação dos sofrimentos de Jesus. No entanto, nesse capítulo é declarado que ao servo sofredor do Senhor foi designada uma sepultura com o perverso, e que em sua morte esteve com o rico (Is 53.9). Mas, de acordo com o registro do Novo Testamento, sua sepultura foi com o rico, e em sua morte esteve com o perverso. Deve-se concluir, pois, que o profeta Isaías errou nos detalhes de sua predição? Ou que, segundo a natureza da profecia, não existe rigorismo em sua forma? Minha tese não é provar que existe erro na profecia da era do antigo pacto. Ao contrário, minha tese é isentar as Escrituras de um rigorismo não-realístico, o qual não caracteriza a palavra do Senhor. O argumento que temos considerado é que um diferente gênero de profecia com base em supostas inexatidões da profecia na era do novo pacto não é convincente.

ii. O Dr. Grudem argumenta amplamente que deve-se fazer uma distinção entre a autoridade da "profecia apostólica" e "a profecia congregacional ordinária" (pp. 25-65). Esse argumento simplesmente expressa que as referências de Paulo a "apóstolos e profetas", em Efésios 2.20 e 3.5, realmente descrevem um único ofício, ou seja: "apóstolo/profeta", em vez de dois ofícios distintos. Foi precisamente esse único ofício de "apóstolo/profeta" que findou-se, uma vez tendo o fundamento revelacional da igreja do novo pacto sido estabelecido. Mas outro tipo de profeta, isto é, o "profeta congregacional ordinário", continuou sua função depois que os profetas apostólicos deixaram de existir.

Tal argumentação é necessária, caso seja postulado que o ofício de profeta prossegue para além da era apostólica. Pois se "apóstolos" e "profetas" são dois ofícios distintos que participavam da antiga responsabilidade de prover a revelação fundamental para a igreja do novo pacto, então isso implica que ambos os ofícios cessaram de vigorar na igreja do novo pacto assim que o fundamento foi lançado.

Este novo conceito prontamente afirma que o ofício de apóstolo findou-se uma vez tendo o fundamento revelacional da igreja do novo pacto sido completado. A discussão de Efésios 2.20 e 3.5 pressupõe que o ofício de profeta, como mencionado nessas passagens, completou-se e findou-se com o acabamento do alicerce da igreja. Todavia, de algum modo deve-se dar lugar ainda à continuação, na igreja de hoje, de um "profeta" que continue a receber revelação da parte de Deus. De outra forma, toda a tese de que a profecia continua hoje cai por terra. Portanto, deve-se abrir espaço para dois tipos de "profetas" na era do novo pacto. Houve os profetas que ao mesmo tempo eram apóstolos, e houve os "profetas congregacionais ordinários". Segundo este conceito, a função que cessou na igreja foi o tipo fundamental de "profetas apostólicos", enquanto que os "profetas congregacionais ordinários" continuam.

Com o fim de estabelecer essa hipótese, faz-se um extenso esforço com base em detalhada análise gramatical que não leva nenhum peso de compulsão. Asseverar que em Efésios 2.20 e 3.5 "apóstolo" e "profeta" podem ser combinados, só porque se omite o artigo definido, de forma alguma indica que devam ser combinados. Tanto em 1 Coríntios 12.28 como em Efésios 4.11, os dois ofícios inquestionavelmente são distintos um do outro pelo uso do artigo definido, num caso, e o uso de "primeiro" (apóstolos) e "em segundo lugar" (profetas), no outro. A distinção explícita de dois ofícios na mente de Paulo com toda certeza deve levar mais peso exegético do que uma mera probabilidade gramatical.

Depois de quase vinte páginas de argumentação sobre este ponto, Grudem assevera que, ainda que dois ofícios fundamentais de receber revelação fossem pretendidos pela referência de Efésios 2.20 e 3.5, "o argumento do restante deste livro não seria significativamente afetado" (p. 62). Pois ele, então, está preparado para defender a tese de que os "profetas" fundamentais desses versículos eram distintos dos "profetas ordinários" espalhados pelas igrejas do Novo Testamento. E assim expandiu-se a hipótese para admitir a probabilidade de três tipos distintos de profetas no novo pacto: "profetas apostólicos", "profetas revelacionais" e "profetas congregacionais ordinários". No entanto, nenhuma evidência sólida pode ser citada em apoio de tais distinções. Esse diálogo interno dá a impressão que o autor pretende provar algo a despeito de a evidência apontar para uma direção contrária. Obviamente, uma pessoa pode pressupor que em alguma parte do Novo Testamento deve haver uma clara distinção entre profetas "fundamentais" e profetas "ordinários". Em algum ponto, porém, tal distinção terá que ser estabelecida sobre base exegética.

iii. Somente mais uma passagem requer séria consideração com respeito à tese de um gênero distinto de profecia na experiência da comunidade do novo pacto. Nos primeiros escritos de Paulo, ocorre uma afirmação que requer alguma consideração. A primeira carta aos Tessalonicenses se encerra com uma cadeia de admoestações: "Não extingais o Espírito; não desprezeis as profecias, mas ponde tudo à prova. Retende o que é bom; abstende-vos de toda espécie de mal" (1 Ts 5.19-22).

Paulo afirma que as profecias não devem ser tratadas com desdém. Literalmente, ele declara que elas não devem ser consideradas como se não significassem nada. Por que o apóstolo se sentiu compelido a apresentar esse tipo de diretriz? Que tipo de situação se deve conjecturar em que a profecia corre o risco de ser tratada como se nada significasse? Tal admoestação faz bom sentido à luz da data da Epístola aos Tessalonicenses, no desenvolvimento da comunidade do novo pacto. Por quatro séculos, o dom profético não estava mais em vigor. Durante séculos, a Torah escrita tinha sido a única fonte de dados revelatórios na vida do povo de Deus. É muitíssimo razoável, pois, que a comunidade de crentes do novo pacto fosse em extremo suspeita em reivindicar que novas revelações viessem na forma de pronunciamentos proféticos contemporâneos. Sua inclinação natural bem que poderia ter sido em tratá-los como se nada significassem. Em suas mentes, profecia contemporânea não existia. Portanto, Paulo os instrui nesse elemento da novidade da era do novo pacto. Deveriam esperar que novas palavras advindas do Senhor fossem comunicadas através de instrumentos proféticos, assim como se deu nos dias do antigo pacto. Só assim seriam capazes de compreender a plena significação da vinda de Cristo. Não deveriam desprezar essas profecias contemporâneas, visto que eram comunicadas como palavras inspiradas da parte do Senhor.

Mas, qual é, então, o significado da admoestação de que deveriam "provar tudo"? O que deveriam provar se as palavras proféticas são inspiradas por Deus? Tal admoestação porventura não pressupõe que essas novas profecias do novo pacto envolvem um misto de certo e errado? A experiência do povo de Deus, sob o antigo pacto, apontaria em outra direção. Era um procedimento normal que as palavras de um profeta fossem testadas. Necessário se fazia que o profeta falasse de acordo com revelações prévias (Dt 13.1-5; 18.21-22). Só então sua palavra poderia ser considerada de autoridade para o povo de Deus.

A contraproposta consiste em que, sob o antigo pacto, só o próprio profeta devia ser testado, não sua mensagem (p. 105ss). Portanto, essa admoestação no novo pacto pressupõe um novo gênero de profecia, uma profecia legítima que deve ser testada em razão de conter um misto de certo e errado, de verdade e mentira. A sugestão, porém, de que sob o antigo pacto só a pessoa do profeta era testada, não sua mensagem, contradiz as instruções explícitas do Senhor a Israel: "Quando o profeta falar em nome do Senhor, e tal palavra não se cumprir, nem suceder assim, essa é a palavra que o Senhor não falou; com presunção a falou o profeta; não o temerás" (Dt 18.22). O livro de Deuteronômio vai ainda mais longe conjecturando um caso em que a palavra do profeta se cumpra, mas sua mensagem também inclua contradição ao ensino da Escritura (Dt 13.1-3). Toda a mensagem deve ser rejeitada, não meramente a porção em que se encontra erro, já que qualquer erro numa profecia indica que o profeta falara presunçosamente.

Pode-se sugerir que o caso não se adéqua a uma categoria completamente nova de profecia na era do novo pacto, profecia genuína, porém que mistura verdade e mentira. A distinção entre "profecia apostólica", infalível e fundamental, e "profecia congregacional ordinária" genuína, que seja tanto falível como baseada na revelação divina, conta com pouca base na evidência bíblica. Antes, há boas razões para reiterar nossa asseveração de que a hipótese que afirma que os documentos do novo pacto apresentam um gênero de profecia que difere da profecia do antigo pacto se sustenta "por um fio" exegético. Nem em 1 Coríntios, nem em Atos, nem nas demais epístolas de Paulo existe alguma evidência adequada que apoie tal tese. A profecia na era do novo pacto está vinculada diretamente ao mesmo fenômeno revelacional que ocorria antes do antigo pacto. O indicador de Pedro no dia de Pentecostes estabelece a linha de continuidade da profecia do antigo pacto ao novo. Pouca evidência nos documentos do novo pacto apoia a ruptura dessa conexão. Não é possível encontrar nenhuma base adequada nos documentos do novo pacto que sancione um tipo especial de "profecia" nos cultos da igreja que tenha sua origem numa revelação da parte de Deus, porém que se mescla com o erro quando é transmitida.

3. Este Conceito Rebaixa uma Venerável Instituição com uma Impecável História para um Estado de Má Reputação

A nova posição da profecia no novo pacto como presentemente considerada impõe a si mesma uma tarefa que nada tem de invejável. Ela deve estabelecer que a profecia "congregação ordinária" do Novo Testamento contém erros que a priva de autoridade na vida do povo de Deus.

Por que tal ponto de vista estabeleceria erro numa profecia "congregacional ordinária" do Novo Testamento?

Deve-se estabelecer esse ponto porque toda a intenção da posição consiste em fundir a força da posição sola scriptura da Reforma Protestante com a vitalidade associada com o movimento pentecostal moderno. Por um lado, a intenção consiste em afirmar que a Bíblia, e tão somente a Bíblia, é a fonte de uma palavra autoritativa da parte do Senhor. Por outro lado, o desejo é captar o senso de novidade e vivacidade no culto que emana da experiência de Deus falar diretamente aqui e agora ao seu povo acerca de seus problemas atuais através de uma experiência revelacional.

Para seu crédito, esta posição não cai na armadilha do pensamento superficial, que poderia propor que uma palavra inerrante provinda de um profeta moderno não desafiaria a imparidade da autoridade da Escritura. Obviamente, uma palavra contemporânea de Deus com plena autoridade divina rivalizaria com a autoridade operante da Escritura na vida dos membros do povo de Deus. Dirigindo-se a situações concretas dos crentes e igrejas atuais, uma palavra divina contemporânea, infalível e inerrante em sua natureza, com toda certeza causaria maior impacto na vida do povo de Deus do que as máximas mais gerais da Escritura. Se uma palavra profética contemporânea, com plena autoridade divina, declara que João deve casar-se com Marta, o casal não teria qualquer opção, senão casar-se. As máximas bíblicas de caráter geral acerca do matrimônio seriam substituídas por preceitos mais específicos, justamente como o profeta Oséias recebeu a ordem para casar-se com uma mulher que não passava de uma meretriz (Os 1.2-3). O profeta não teve escolha, a não ser obedecer com exatidão a palavra do Senhor.

Sustentar que uma revelação profética contemporânea não deve rivalizar com a Bíblia, contanto que nada realmente fosse acrescentado aos escritos canônicos da Escritura, é negligenciar maior força de uma palavra direta do Senhor, que dirige a uma ordem particular, do que uma verdade geral encontrada na Escritura que se deve aplicar à vida pelo crente. Uma ilustração poderá aclarar este ponto. Alguém pode estar preparando uma lição para ensinar na escola dominical. Ele olha de sua janela e vê seu vizinho do outro lado da rua assentado nos degraus de seu alpendre. Deixaria ele a preparação de sua lição e iria visitar seu vizinho, aproveitando a oportunidade para compartilhar com ele o evangelho? Ou continuaria a trabalhar diligentemente em seus estudos a fim de sentir-se plenamente preparado para suas responsabilidades de mestre? Nesta altura, o homem é livre para decidir entre esses "bens". Ele pode orar a Deus por sabedoria, e então decidir o que fazer. Mas se um amigo entra na sala com uma palavra direta da parte do Senhor, então o homem deve ouvir com um espírito de obediência. Se o "profeta" comunica a palavra de Deus, dizendo que ele deverá deixar seu estudo e compartilhar o evangelho com seu vizinho, imediatamente, ele não tem escolha. O mandamento específico do Senhor, nesse ponto particular, deve ter mais controle concreto sobre sua vida do que quaisquer admoestações bíblicas gerais.

Em seu crédito, a posição atual, sob consideração, entende esse princípio. O claro desejo consiste em reconhecer a autoridade exclusiva das Escrituras como a própria palavra de Deus, e não criar nenhuma rivalidade. Mas com o fim de manter a autoridade exclusiva da Escritura, esta posição tem de propor um tipo de "profecia congregacional ordinária", que é menos que a própria Palavra de Deus, ainda quando tem por origem uma revelação direta de Deus. Portanto, precisa-se fazer esforços para encontrar na Escritura um padrão de erro nas palavras proféticas autênticas do Novo Testamento que forneça justificativa para a ideia de uma palavra profética autêntica, hoje, que não seja infalível e inerrante em sua natureza.

Ao longo do período do antigo pacto, a instituição profética serviu ao povo de Deus com distinção como o principal instrumento por meio do qual a revelação de Deus era comunicada a seu povo. Não era apenas uma questão do profeta receber uma revelação profética; era questão de poder confiar no profeta para comunicar ao povo a perfeita Palavra de Deus. As palavras que ele falava eram palavras de Deus. A verdade que o povo recebia de seus lábios não era menos que a própria Palavra de Deus. Como o escritor de Hebreus sublinha, Deus falou "muitas vezes, e de muitas maneiras, aos pais, pelos profetas" (Hb 1.1). Eles eram veículos da divina comunicação. A "proclamação" dos profetas definia a natureza da experiência revelacional para o povo de Deus. Não era primariamente a recepção da revelação pelo profeta, e, sim, sua comunicação da mensagem inspirada, infalível e inerrante da parte de Deus o que definia a natureza da experiência revelacional para o povo de Deus.

Agora surge essa nova proposta. A dimensão revelacional da experiência profética sob o novo pacto, como tem sido proposta, deve restringir-se à recepção da revelação pelo profeta. Sua comunicação da revelação é obscurecida por falibilidades humanas. Várias expressões pentecostais contemporâneas sobre essa questão são citadas com aprovação para tornar claro este ponto:

> "A profecia pode ser impura — nossos próprios pensamentos ou ideias podem vir misturados na mensagem que recebemos...".
>
> "... pode haver toda classe de graus de inspiração, do mais elevado ao mais inferior...".
>
> "... uma manifestação pode ser 75% de Deus, mas 25% são os pensamentos da própria pessoa...".
>
> "Uma pessoa pode ouvir a voz do Senhor e ser compelida a falar, mas não há certeza de que ela esteja livre de corrupção. Haverá um misto de carne e de Espírito" (Grudem, pp. 110s.).

Essa não é uma posição confiável para um cristão evangélico promover. Certamente que ela colide dissonantemente com o próprio conceito de profecia autêntica como retratada nas Escrituras do antigo pacto. Profecia que pode ser descrita como impura, poluída, carnal, de inspiração inferior, 75% de Deus, não se constitui num fenômeno muito atraente. Adotar uma verbalização profética particular que passa no teste principal e que não chega a ser contrária ao ensino da Escritura, como seria possível determinar que parte é pura e sem contaminação com o pecado, e que parte é impura, poluída e carnal? Não seria necessário o dom de discernimento revelacional a fim de determinar que porção da profecia seria a própria Palavra de Deus?

Tal ponto de vista não se encontra numa posição muito invejável. Ele denigre uma instituição do Senhor muito antiga. Assume a posição peculiar de enaltecer a experiência dos santos do antigo pacto acima da experiência dos santos do novo pacto de hoje.

4. Este Conceito Introduz no Culto um Fator de Incerteza

Seria melhor que as alegadas palavras "proféticas" fossem relegadas meramente ao campo das opiniões humanas. Então poderiam ser descartadas com uma consciência tranquila. Mas se um pronunciamento profético tem por base uma revelação genuína da parte de Deus, dirigida especificamente a um indivíduo ou a uma igreja, como é possível relegá-lo ao campo de mera opinião humana? Se 75% ou mais do pronunciamento profético são uma acurada representação de uma revelação divina, então torna-se aos ouvintes uma obrigação determinar o que é que Deus está querendo dizer, e então fazer sua vontade revelada sem questionamento ou hesitação. No entanto, as ambiguidades permanecem.

Portanto, que tipo de impacto tal ambiguidade causará na paz e mente do cristão? Seria possível que a consciência de uma pessoa permaneça isenta de culpa quando deliberadamente decide desobedecer a uma declaração profética, especificamente dirigida a ela, sabendo que as diretrizes do profeta muito provavelmente estão baseadas numa revelação da parte de Deus, acerca de sua situação concreta? Não é uma situação cômoda nem tampouco saudável.

5. Este Conceito Tem O Potencial de Gerar Questionamento Acerca de Outras Revelações Proféticas Provindas de Deus

Obviamente que os proponentes deste conceito em vigência afirmariam que essa probabilidade é algo que se acha longe de suas mentes. Mas um mestre é meramente um indicador para seus alunos. É a geração que vem a seguir que invariavelmente descobrirá e desenvolverá a tangente de seu mestre. O potencial para o desvio da confiança posta na plena autoridade da Escritura é algo que deve ser observado com muito critério. Afirmar o caráter errôneo da "profecia congregacional" no Novo Testamento é apenas um curto passo para se afirmar a presença dos mesmos característicos de falibilidade na profecia das Escrituras do antigo pacto.

Como se tem observado, o conceito que ora consideramos representa um grande esforço para estabelecer que as profecias registradas no livro de Atos contêm um misto de verdade e erro. Visto que não se acha explicitamente confirmado que os judeus "prenderam" a Paulo, ou o "entregaram aos romanos", conclui-se que a profecia de Ágabo contém erro (pp. 96ss). Não seria, porém, muito difícil "descobrir" a mesma espécie de "erros" nas profecias das Escrituras do antigo pacto. Até mesmo nas predições do próprio Senhor Jesus seria possível encontrar esse mesmo tipo de "erro". Já observamos aparente discrepância em Isaías 53.9. Em outra instância, Mateus declara que a morte das crianças em

Belém, por Herodes, cumpriu a profecia de Jeremias: "Uma voz se ouviu em Ramá... Raquel chorando por seus filhos" (Mt 2.17-18; Jr 31.15). Ramá é uma pequena cidade cerca de cinco milhas ao norte de Jerusalém, enquanto que Belém fica a cinco milhas ao sul. Não poderíamos, pois, supor que a profecia de Jeremias contenha um leve erro? Ele profetiza que o pranto seria celebrado em Ramá, mas que realmente ocorreu em Belém. Tal discrepância não representaria um equívoco, seja na profecia de Jeremias, seja na aplicação de Mateus? Jesus, também, profetiza que não seria deixado no templo pedra sobre pedra (Lc 21.6). Entretanto, qualquer um que visita o muro das lamentações em Jerusalém sabe que algumas pedras permaneceram umas sobre as outras. Paulo, igualmente, diz que a profecia concernente ao Messias dando dons aos homens se cumpriu no derramamento do Espírito Santo (Ef 4.8). Todavia, a profecia citada por Paulo realmente declara que o Messias "recebeu" dons dos homens (Sl 68.18). Obviamente, receber dons dos homens é precisamente o oposto de dar dons aos homens. Portanto, deve-se concluir que o salmista cometeu um erro em sua profecia? Somos então forçados a concluir que certas profecias das Escrituras do antigo pacto envolvem um misto de verdade e erro, justamente como propõe a tese em questão? Será que as profecias congregacionais da comunidade do novo pacto contêm um misto de verdade e erro? Devemos então reconhecer que toda a Escritura envolve essa confusão de carne e Espírito, de verdade e de erro?

É claro que o propósito das observações que fizemos acima não é, de forma alguma, estabelecer erro nas profecias bíblicas. Todas as supostas discrepâncias entre profecia e cumprimento podem ser prontamente explicadas, da mesma forma como podemos explicar as aparentes discrepâncias na profecia de Ágabo. Tristeza sobre o trágico sofrimento da semente eleita de Deus é o importante elemento na profecia de Jeremias, não a localização precisa do pranto.

Na fraseologia humana coloquial, "não deixar pedra sobre pedra" não significa absolutamente que não ficaria uma só pedra em contato com outra. O "recebimento" de dons pelo Messias é uma imagem do Velho Testamento da homenagem das nações, e a "doação" de dons é simplesmente uma transformação da figura que sublinha a graciosa generosidade que caracteriza o reino do Messias. Ele "recebe" dons simplesmente com o intuito de concedê-los.

No entanto, auspiciosamente, os perigos dessa nova posição acerca da profecia se têm salientado. Uma vez assumida essa mania de buscar erro nas profecias da Escritura, as profecias do antigo pacto evidentemente não serão materialmente diferentes das profecias do novo pacto. Que essas ilustrações sejam suficientes para indicar que desenvolver um conceito de profecia do novo pacto que presuma descobrir erro misturado com verdade não é uma posição invejável para um cristão evangélico. Uma vez tal posição seja tomada, a mesma mistura de verdade e erro pode ser encontrada em toda profecia, mesmo na própria Escritura. De fato, uma observação particular inadvertidamente reconhece a probabilidade de tal conclusão. "Na verdade", declara-se, "pareceria haver alguma dificuldade na defesa da inerrância bíblica", caso houvesse exemplos de não-cumprimento dos detalhes da profecia do Velho Testamento, como nos casos da profecia do Novo Testamento (p. 318, nota 37). Essa observação reconhece que, se os tipos de discrepâncias que foram encontrados nas profecias de Ágabo também foram descobertos nas profecias do Velho Testamento, então seria difícil continuar defendendo a inerrância da Bíblia. Todavia, o tipo de rigorismo exibido no tratamento da profecia de Ágabo inevitavelmente encontraria discrepâncias similares no cumprimento das profecias do Velho Testamento, como ficou exemplificado.

Eis uma posição pouco invejável. É uma abordagem da profecia que inevitavelmente leva a sérias dificuldades, particularmente para o cristão evangélico.

Capítulo 5

Conclusão

Talvez seja útil apresentar uma perspectiva mais ampla de todo o assunto, comparando os "prós" e os "contras" dos dois conceitos concorrentes sobre profecia. A intenção desta abordagem não é localizar o fator determinante nesse debate mediante considerações pragmáticas em contraste com considerações exegéticas. Ao contrário, a questão consiste em focalizar o fruto que se pode produzir pelos conceitos alternativos sobre profecia e avaliar seu valor em termos da saúde que se pode prover para o povo de Deus.

Considerem as consequências na vida do povo de Deus que podem fluir do reconhecimento da continuidade da "profecia congregacional ordinária" com base nas novas revelações do Espírito hoje. Ainda que essas profecias contínuas não possam ser caracterizadas pelas perfeições da profecia do antigo pacto, elas representariam uma palavra da parte do Senhor direcionada frontalmente a uma situação contemporânea. Alguns veriam nessa perspectiva um desenvolvimento positivo, porquanto os filhos da Reforma Protestante, confessando que "somente a Escritura" é a fonte da divina revelação, descobririam uma nova base para viver em comunhão com os adeptos do movimento pentecostal moderno. A solidariedade dos fundamentos teológicos seriam assim harmonizados com a vitalidade do pentecostalismo dos dias modernos. Além disso, alguns veriam esperança de renovação eclesiástica para escapar dos moldes estéreis que têm restringido a expressividade do protestantismo contemporâneo. Talvez se respirasse nova vida na igreja por meio de significativa participação dos homens, mulheres e crianças nos cultos de adoração através do exercício de seu dom profético.

Eis aí alguns dos fatores positivos que podem ser propostos como sendo benéficos à igreja através do reconhecimento do dom contínuo de profecia na igreja. Há, porém, um preço a pagar por esses acréscimos propostos.

Antes de tudo, há inevitavelmente a denegrição do dom de profecia. Em vez de termos exclusivamente um dom único, fundamental e essencial para a comunicação da revelação divina à igreja, a profecia se transforma em algo menos que a pregação, comunicando uma mensagem que pode ser ignorado mesmo quando ela se dirige a uma situação especificamente pessoal ou eclesiástica.

Em segundo lugar, uma minimização do vital papel da Escritura na vida do indivíduo pareceria ser o resultado inevitável de um reconhecimento da vitalidade desse tipo de profecia no novo pacto. Sem dúvida, os proponentes desse ponto de vista negariam vigorosamente tal efeito. Mediante esse conceito, porém, a igreja seria encorajada a olhar constantemente para uma palavra vigorosa e vital vinda diretamente de uma revelação da parte do Senhor dirigindo-se a uma situação específica do próprio momento. Como seria possível que essa expectativa deixasse de reduzir o papel da Escritura em prover diretriz concreta para a vida do povo de Deus? Pois a palavra específica do momento assumiria uma significação maior do que as máximas gerais da Escritura.

Em terceiro lugar, deve-se reconhecer a consequente perda da liberdade do cristão. Na medida em que um "pronunciamento profético" se dirija às circunstâncias concretas de um indivíduo, essa pessoa terá perdido o direito de decidir por si mesma o curso da vida à luz de sua própria consciência como instruída pela palavra de Deus. Nessas áreas da vida de uma pessoa, onde um pronunciamento profético tenha sido expresso, fazer decisão responsável seria substituído por um esforço para se determinar que parte da suposta palavra do Senhor seria para ela a própria Palavra de Deus, e que parte teria sido corrompida pela carne pecaminosa do mensageiro profético.

Em quarto lugar, deve-se reconhecer o potencial para extinguir o saudável crescimento em Cristo. A razão para Paulo ter tratado de forma tão extensa dos dons do Espírito visava atingir a imaturidade dos cristãos coríntios. Sua concentração nos dons indica que não haviam ainda compreendido a superioridade das graças acima dos dons. Paulo lhes diz que a aspiração deles deveria ser no sentido de ver a graça e o amor como sendo mais importantes que todos os dons. Aliás, ele os encoraja em sua experiência do dom de profecia; mas procede assim insistindo que se desfizessem das coisas infantis para o cultivo do dom superior do amor.

Pode-se supor que algumas vantagens poderiam advir da introdução desse novo tipo de profecia falível e congregacional à vida da igreja. Mas os resultados parecem pender mais para o lado negativo que para o positivo. De fato, até mesmo os supostos lucros em se adotar essa posição podem vir a provar, no fim, que representam perdas.

Consideremos agora as vantagens e desvantagens do ponto de vista que afirma que Cristo e as revelações associadas à sua vinda são "a palavra final". Segundo esse ponto de vista, não se esperam mais revelações especiais da parte de Deus, até que Cristo volte em glória.

Negativamente, pode-se propor que defender essa posição poderia privar uma pessoa das atividades contínuas da revelação, as quais poderiam propiciar muitas bênçãos à igreja de hoje. A trivialidade, a formalidade, a falta de espontaneidade e vida seriam perpetradas em virtude de não haver qualquer expectativa de que Deus possa falar diretamente através de novas revelações provindas do Espírito.

Poder-se-ia também propor que negar qualquer possibilidade de Deus falar diretamente a alguém na presente época aparenta ares de presunção. Quem teria o direito de limitar a Deus, de dizer que Ele não pode falar por meio de revelação especial caso Ele assim o queira? Além do mais, pode-se sugerir que nenhum ensino claro na Escritura declara que os dons de profecia e línguas cessaram. À parte de algumas afirmações específicas nesse sentido, porventura não se deve presumir que todos os dons do Espírito continuam na igreja de hoje? Deve-se sentir a força desses argumentos. Certamente que não é conveniente para alguém pretender limitar a Deus, construindo sobre uma suposição que não pode contar com o apoio explícito da Escritura.

É de se esperar que a discussão prévia dessas mesmas considerações tenha alguma relevância para com esses pontos. Obviamente, não está no poder de qualquer ser humano limitar a Deus. Em qualquer caso, quem ousaria restringir a atividade do Onipotente? Ao mesmo tempo, consistência é um dos atributos principais da personalidade de Deus. O Senhor estabeleceu um padrão há muitos milênios no qual os avanços na revelação especial são coordenados com os avanços na realização da redenção. Por essa razão, pode-se esperar que a consolidação histórica da obra da redenção realizada por Cristo, em sua morte e ressurreição, seja acompanhado por um preenchimento de revelação à medida que a significação desses eventos for perfeitamente interpretada. Se certos ofícios e funções, tais como apóstolo e profeta, são tratados na Escritura como fundamentais para o estabelecimento da igreja, não causaria surpresa que os dons extraordinários associados a esses ofícios cessassem uma vez que a fundação histórica da igreja estivesse consolidada.

Ao fazer tais afirmações, não é tanto uma questão de restringir a Deus quanto dar expressão à expectativa de que Ele agirá em consonância com sua própria natureza. Geralmente, as pessoas de convicção evangélica não teriam problema em afirmar que os sofrimentos de Cristo já se consumaram. Ele sofreu uma vez por todas. Não voltará à terra novamente em estado de humilhação. Não lhe será requerido que experimente rejeição, crucificação e maldição divina pela segunda vez. De maneira similar, não se espera que Ele ressuscite e suba ao céu pela segunda vez a fim de começar sua sessão à mão direita do Pai. Tais eventos, por sua própria natureza, têm um lugar distintivo na história da redenção, e não podem mais entrar em cena. Afirmar que Cristo não mais será crucificado, ressuscitado e elevado ao céu repetidas vezes, não é uma questão de restringir a Deus. Ao contrário, é uma questão de simplesmente reconhecer o caráter – uma vez por todas – desses eventos no desenvolvimento da história redentiva.

A confirmação do derramamento do Espírito mediante a manifestação de certos dons e ofícios extraordinários entram nessa mesma categoria de eventos redentivos. Os ofícios de apóstolos e profetas não continuarão surgindo na experiência da igreja. Esses ofícios e seus dons associados eram essenciais para se lançar o fundamento da igreja do novo pacto. Eram requeridos para o estabelecimento da igreja, não, porém, para sua perpétua manutenção. Exceto o fato de que a autoridade desses ofícios e dons é conservada através da Escritura para a estabilidade da igreja, sua continuidade é desnecessária para a vida do povo de Deus.

Positivamente, os muitos benefícios associados ao término da revelação como se encontra em Cristo e a consolidação da Escritura são frequentemente negligenciados. Afirmar o fim da revelação não é propriamente negativo em sua orientação. Ao contrário, é uma afirmação positiva pela qual a igreja afirma que a obra redentiva alcançou seu alvo pela vinda de Cristo, no que diz respeito a esta presente época. Mesmo quando a fé da igreja e a alegria de sua vida sejam engrandecidas pela afirmação de que Cristo jamais será sacrificado pela segunda vez, tanto a fé da igreja quanto a sua alegria se multiplicam quando se afirma que a "palavra final" já foi pronunciada, que Deus já transmitiu toda informação necessária para a vida de sua igreja, e que o caminho para a plenitude da vida e piedade ao longo deste século pode ser encontrado nas Escrituras. Considere-se apenas um pouco das bênçãos que nos advêm como fruto da confissão de uma revelação finda nas Escrituras:

Primeiramente, perceber-se-á mais nitidamente uma nova apreciação das maravilhas da operação divina nas providências no dia a dia. As pessoas que buscam o espetacular ou o extraordinário se tornam distraídas, de modo que nem sempre veem quão imensa é a maneira de Deus ordenar os processos mais simples para satisfazer as necessidades de seu povo. Como Jesus disse, é uma geração má e adúltera que continuamente corre atrás de um novo sinal miraculoso (Mt 12.39; Lc 11.29). Muito mais madura é a fé que vê a providente mão divina operando na ordenação diária da vida do que uma fé que depende constantemente de ver o espetacular.

Em segundo lugar, dar-se-á mais atenção à maravilhosa operação divina na regeneração. Como é possível comparar um ato de cura miraculosa do corpo com a sublimidade do novo nascimento? Qual é mais espetacular, uma suposta palavra ocasional de nova revelação dirigida a um indivíduo, ou a abertura dos ouvidos do espiritualmente surdo, de modo que realmente ouça e preste atenção às palavras geradoras de vida da Palavra proclamada? Concluir que novas revelações do Espírito não mais ocorrerão capacitará a igreja a concentrar sua atenção na novidade de vida sendo comunicada pelo Cristo ressurreto.

Em terceiro lugar, dar-se-á maior atenção à plena abrangência das palavras da Bíblia pelo uso dos meios ordinários de graça. Em vez de se buscar comunicações espetaculares que possam vir através de novas revelações proféticas como fonte da verdade para a solução dos difíceis problemas da vida, o povo de Deus prestará muito mais atenção às leituras privativas e à pregação pública da Palavra de Deus. Quando ouvirem mais atentamente a essa Palavra, proclamada clara e autoritativamente pelos ministros de Deus, dotados e plenificados com o Espírito, se farão maduros na fé, receberão diretrizes para sua vida e serão capacitados a servir a outrem no espírito de Cristo. O povo de Deus também virá a apreciar mais plenamente os sacramentos como meios de graça, pelos quais os sinais visíveis ordenados por Cristo os confirmarão em sua fé. Em vez de saírem em busca de sinais miraculosos da parte de Deus para lhes dar diretrizes para sua vida, o símbolo de seu corpo quebrado confirmará o fato de que Deus continua a abençoá-los em seus sucessos a despeito de seus pecados, pois "Aquele que nem mesmo a seu próprio Filho poupou, antes o entregou por todos nós, como não nos dará também com ele todas as coisas?" (Rm 8.32).

A aceitação do fato que a revelação final já foi comunicada, invariavelmente aprofundará a confiança da igreja nos meios ordinários de graça. É dessa forma que Deus prometeu atender a todas as necessidades de seu povo. Em vez de constantemente buscar alguma nova confirmação da graça de Deus para as necessidades atuais, através de sinais, milagres, profecias e revelações, a igreja encontrará sua inabalável estabilidade na fé uma vez dada aos santos.

Em quarto lugar, a maioridade responsável entre os santos de Deus se alcançará muito mais rapidamente quando se compreende que com Cristo vem uma nova liberdade que será energicamente criativa no serviço do Senhor. O cristão não é obrigado a esperar por alguma palavra especial vinda de Deus antes de empreender grandes coisas no serviço do Senhor. As promessas e desafios da Escritura são suficientes. Com a oração, o Espírito e a sabedoria do alto para avaliar dons e recursos, o cristão se sente livre para empreender grandes coisas para Deus, esperando grandes coisas de Deus. Por longo tempo a igreja tem sido enfraquecida em seus esforços criativos para servir a Cristo, visto que tem estado a esperar por um "sinal" ou uma "revelação" que venha de um modo ou de outro, dizendo-lhe o que fazer. Mas se compreender que todo conhecimento da vontade de Deus de que se necessita para confirmá-los num ato contemplativo de serviço encontra-se na Escritura, então as energias reprimidas do povo de Deus serão liberadas com poder.

Em suma, grandes benefícios virão ao povo de Deus caso esteja disposto a levar a sério o fato de que a "revelação final" já veio no Cristo das Escrituras. Longe de obstruir o entusiasmo e o senso da imediata presença de Deus em seu meio, a fé na suficiência da Escritura os moverá a servi-lo com o pleno vigor de seu ser. Não se deve esquecer como o Cristo ressurreto acendeu o coração de seus discípulos deprimidos. O Evangelho de Lucas explica que Jesus vivificou seus seguidores pelo ato de abrir-lhes as Escrituras. Começando com Moisés e todos os profetas, ele explicou-lhes o que fora dito em todas as Escrituras a seu respeito (Lc 24.27). Por quê? Por que o Cristo ressurreto lhes falou dessa maneira? Por que simplesmente não lhes transmitiu uma nova revelação?

O Jesus ressurreto lhes abriu as Escrituras em razão de ser esse o modo pelo qual a vida espiritual lhes seria mantida dali em diante. Como resultado de haver-lhes aberto as Escrituras, o coração dos discípulos foi incendiado em seu interior (Lc 24.32). O mesmo princípio teve seguimento através de todos os tempos. Quando o Cristo ressurreto, por intermédio de seu Espírito, abre as Escrituras para seu povo, o coração deste é incendiado. Muito mais glorioso que depender dos estímulos de novas revelações do Espírito é viver da suficiência da palavra final como se encontra no Cristo das Escrituras.

E por que não ambas as coisas? Por que não a iluminação da Escritura acoplada com novas revelações do Espírito? Simplesmente porque, se você declara necessitar de ambas, então está inferindo a insuficiência de uma só. Você se terá colocado na estrutura do antigo pacto, num tempo quando novas revelações eram requeridas em vista de as antigas estarem incompletas. Cristo, porém, é a palavra final. Não se necessita de nenhuma outra palavra para a redenção dos homens no presente século. Na Escritura encontra-se toda a verdade de que se necessita para a vida e a piedade.

Que o Senhor conceda à sua igreja de hoje uma plena expansão daquele seu potencial que emana do pleno conhecimento da verdade como se encontra em Jesus — pois Ele é a palavra final.

Índice

Onomástico e Temático

No índice, as seguintes abreviações foram usadas: N.T. – Novo Testamento; A. P. – Antigo Pacto; V. T. – Velho Testamento; n – nota.

Índice de

Referências da Escritura

Há um só exemplo no texto onde uma citação é aludida sem que seja dada uma referência bíblica. Essa referência foi fornecida neste índice com a adição de um asterisco, a fim de mostrar que o capítulo e o versículo não são citados na página indicada.

Romanos

1 Coríntios

2 Coríntios

Gálatas

Efésios

Filipenses

Colossenses

1 Tessalonicenses

2 Tessalonicenses

1 Timóteo

2 Timóteo

Tito

Hebreus

Tiago

2 Pedro

1 João

Apocalipse

www.ingramcontent.com/pod-product-compliance
Ingram Content Group UK Ltd.
Pitfield, Milton Keynes, MK11 3LW, UK
UKHW042018190726
13854UKWH00005B/2346

9 788562 828287